紹興大典
史部

紹興縣志採訪稿

2

中華書局

儒林　文苑　孝友　義行　介節　隱逸

第二次採輯

儒林

章宗源

張景燾

周炳琦

儒林

章宗源字逢之大興人原籍浙江山陰乾隆五十一年舉人少聰穎不喜為時文又以對策博贍發科益好學積十餘年采獲經史羣籍傳注輯錄唐宋以來亡佚古書盈十餘篋自言欲撰隋書經籍志考証書成後此皆糟粕可爾之然偏次成帙悉枕中祕本也又言輯書雖不由性靈而學問日以進為此事久之亦能為古文為駢體文矣又以今世所存古書版本多經宋明人刪改嘗恨曩時輯錄已佚之書不錄見存諸書訂正異同文字當補成之其已輯各書皆為之叙通知作者体例曲折詞旨明暢古書多亡於北宋故輯書

始於王應麟近代惠徵君棟踵為之四庫全書用其法多從永樂大典寫錄編次刊布甚夥至于宗源則無書不具節焉孫星衍撰傳

張鵠塘先生傳

薛炳撰

先生名景燾字魯封號鵠塘姓張氏山陰人生而徇齊甫成童即入學弱冠登嘉慶戊寅賢書時典試者為高郵王氏引之經學大儒也先生為親病弟幼不赴禮闈者十餘年服闋始應春官三薦不第暫就京職亦未久即歸里修身踐言矜式鄉里表先賢獎後進孜孜不倦家有後彫晚翠樓藏書萬卷其下為先生談經之室筐篋六籍肴覈百家凡經史外河渠律歷兵政醫方術數無不通曉著書十有三種經咸豐辛酉之亂盡遭燹燬然性嗜學耄耋不倦寇退後又成四書補注韻字綜釋續釋十三經分類字畧妙香館古文駢文聽天命民雜體詩各種同治甲子乙丑間

寓於袍川課其孫鎬文成寓廬日記十卷壬申春重游泮水猶能矍鑠為禮越四年光緒紀元七月二十五日卒年七十有九薛炳曰嘗聞諸先大人先生於粵匯以前恒館於我族草藐橋薛氏氏有質庫在新昌先大人實總其事歲時還里入謁輒習見先生年且老矣貌莊色愉館政不苟而肅務以誠懇動人不斤斤督責常課舉業外必取經史大義反覆開示俾知確然可行次軒公後於先生僅五歲亦嘗從問業若竹君公則固執經北面者也而辛酉之役各死忠節足為先生教育之徵抑又聞之海禁開後越人之商於粵者以薛氏為最先贏利不貲子孫席世業習染富侈尋常小食率用銀耳官燕以餉先生先生不食命

徹時城南有善為薄餅者狀如制錢值半之甘脃可口號曰香酥每浹旬先生取錢百使館僮走市以備不時之需司計者或豫儲以供則曰久即受潤無庸也而主家之進耳蔬如故先生撤之亦如故嗚呼此雖細事先生家故不貧而孟敦儒素若是毛亨有言從容有常自奉養有節不啻為先生誦矣

時習編序

時習編者余長子炳琦遺稿余蒐輯之大抵有關於學即以其齋名名之者也良知之為禪學先儒辨之詳矣而餘燄不熄吾越為甚意數百年來當必有洞燭流弊起而砥柱之人然求如陸清獻張楊園兩先生之昭著寰宇迄未之聞豈其潛德弗耀與抑中道夭閼而若或靳之也余蚤歲侍親僑寓汴州道光己酉炳琦誕焉幼而嚴重不習玩弄讀書穎悟少遜而能自勤勉不待督責年十六余攜赴山右需次為自訓計嗣奉檄佐戎幕河中輒棄之去比舍身有蕭山孔觀詧澈山者伺之數月雖戶外演劇未嘗出視顧時時聞諷誦聲一日詣之閱課藝斐然因奇之而以其

女字焉比長謂四書朱注每曰潛心曰勉學必不可徒曉其文義偶於篋衍中見舊存近思錄竊取讀之至忘寢食以余督舉業嚴而未暇從事也迨同治癸酉奉其母返籍獲與童試明年以第一人游泮又明年補增廣生則慨然曰為黌序中人而不知聖學之為何何以副國家育才之望於是沈酣性理諸書立為課程鞭辟近裏夙好勸人明義利之辨至是乃益不自寬其篤信有宋五子而力排夫異說則亦猶張陸二先生之恉也鄉闈累膺房薦不售嘗歲試一等二名遇廩缺當補必出貲乃可舉優行亦然皆婉言謝之訪求海內真儒近者造謁遠者奉書最後知有竹如吳先生欲往受業而聞已下世為歔欷者久之辛巳

與其友王子積成輩十餘人約為學會互相勸規甲申益以筆記至釋奠日出而質正自以魯鈍號又次居士然使天假之年或竟以魯得之奈體素弱丁亥八月遘疾遽卒年止三十有九遠近學侶至為痛惜嗚呼好學者不易覯既覯矣而學之為小成為大成則又有數存焉而非能自必也溯余二十七世祖道國元公開宋一代理學之先洎明而有十二世祖比部公諱礽與伯兄檢討公諱禎肇求正學相為師友家乘謂其沿流溯源兼總會同一以朱子為歸凡冠婚喪祭諸禮皆恪遵朱子其時良知之學方盛天下靡然鄉風二公於陽明子又為同里後進獨能自高其見不入歧途此可知元公之澤之長矣顧皆以通籍後

不數稘捐館檢討公享年四十有二比部公享年三十有八炳琦之初入塾也先府君即奇愛之授以印章一方曰此比部公遺物文爲甯野苦志讀書者甯野公號也吾不畀汝父而以畀汝汝其識而藏諸嗚呼炳琦之志固苦矣而年亦比部公若也何其異耶夫學以用世炳琦寂寂牖下齎志以終尚何學之足云然而孝友政在家庭忠攸行乎州里第盡其自脩之道而每有薰德之功至其重內輕外爲人之所不肯爲者尤未易更僕數然則炳琦之於世固亦有少裨哉余輯是編蓋不忍使之俱亡而要非其不欲表襮之素志爾光緒己丑冬十一月山陰周巖

按周君炳琦字亦韓爲山陰周伯度先生巖之長子幼

稟父訓年未冠即篤好程朱之學朝夕寢饋深自刻勵冀有以身體而力行之曾集越中同志為志學會周君手訂條約曰規過之目十有二勸善之目三都凡兢兢於律己待人之事迹其生平志行胥克實踐實與標榜虛聲者迥異故雖以乃翁之方正而對於諸子之督責維苛也獨對於君無間言君既性行純篤平日課子女亦尚禮教君歿後長女韞真適同邑（會稽）何姓夫死以身殉（另有傳）覲其絕命時致戚族書知君之家教所遺者遠矣著有時習編六卷大都皆講求為己之學誠經明行修之士也

紹興求遺書目

文苑

徐咸清　朱潮
宗聖垣　沈家晉
茹藥　陳漢章
秋學禮　孫德祖
樊廷緒　李慈銘
章學誠　平步青
顧壽楨　王繼香
沈光埏　何澂
顧家樹　李燮鼎
沈厚　馬星聯

馬用錫

周藴良

沈玉書

周晉鑅

補遺

商嘉言

周原

吴傑

任作梅

馬賡良

徐咸清墓碑銘

毛奇齡撰

君字仲山諱咸清上虞下管村徐氏歷世以科目為京朝官祖諱鄰萬曆壬午舉人僦居會稽父大司馬諱人龍與伯父諱宗孺同母兄弟同登萬曆丙辰榜進士伯父還下管而司馬公留會稽之稽山門家焉君生而慧一歲識字五歲通一經甫畜髮即能以官監生應鄉舉入場有文章名仲商之人者大冢宰商公諱周祚女也國色與女兄蘇松巡撫祁公夫人俱能詩近世能詩家呼為伯仲商夫人冢宰公還朝值司馬公以副都御史巡撫山東見君於官署而愛之許為婚姻會國變司馬公以司農起用被名中道旋返破產與兩浙巡撫黃鳴俊募閭左勤王不利南郡

建號者仍以公與馬士英同掌本兵而公怒郤之提一旅歸與故總兵官王之仁也之西陵名西陵軍王師下江東西陵軍潰司馬公狼倉走海上家人東西竄匿稍定而君方重病且以國難適家難意托落無生人趣及行家會禮郤扇騾見商夫人大驚曰吾以是為王霸妻足矣乃就故居稽山門辟寢前廣庭搆以葯欄設長筵當中發故竹藏書散堞之而對坐縱觀暇則抽牘各為詩如是有年天台老尼從萬年來遙望見夫人合掌曰此妙色身如來也蓮花化生相好光明既而咄唶曰善持之善持之幾見曼陀長人間耶於是君與夫人約請各為課程吾當著一書銷此白日而子且從老尼請發願寫妙蓮花經三部以延其

年何如夫人然之乃復自揣著何書吾研鍊經術久矣請合并羣籍而正定之以勒取其意與事之裨世用者筮之得屯之五小屯吉大屯凶曰猶之屯爾寧為其小者而已於是著小學一書博取楊雄訓纂許叔重說文以及梁顧野王玉篇并後儒玉篇篇海諸書以正字形取灋言切韻孫愐唐韻暨宋祥符景祐閒廣韻集韻諸書以正字聲而於是縱考十三經子史文集暨漢唐宋元諸大小篇帙凡有繫於釋文者悉旁搜博採以正字義自一畫以至多畫分若干字合若干卷名之曰資治文字而夫人齋蔬性不喜肉食至是斷之日給粥一瓷酪一瓷金菊湯一瓷焚香滌指以辰申二時寫梵葉三番計三部合計所寫字二十

萬八千有贏凡三年寫成會廣孝禪寺大殿工竣三月尊者君方外友也率僧衆披衣拜於庭乞施二部去供其一於殿極甍間周以朱木函而鐵結之使風雨蟲鼠俱不得蝕而納其一於毘盧遮那世尊腹中綴以金銀寶珠而冪以錦絨擫鼓集大衆宣揚之其餘一部則送之天台萬年龍藏中以老尼從萬年來也康熙十七年上開制科之京朝内外各舉郡縣有才學而堪與試者道府爭薦君君辭不得遂赴京先是闈中判詞頭照前代典例多用查議查覆諸字而高陽相公精字學謂字書無查字縱有之不作察解此必原判是察字而北無入聲呼察聲如查故譌查耳譌字何可用因啟奏御前凡判詞查字俱改察字然終

不解查與察沿譌之始至是應制科者紛紛至每至必合數十人謁相公門下君進謁高陽相公徐詢曰察聲譌查有始乎在坐無對者君逡巡曰漢書貨殖傳有之顧查為在聲之譌非察聲譌也高陽矍然曰何言之曰古在本察字爾雅曰在察也堯典在璿璣玉衡以齊七政是第三聲呼在為查以查與槎同漢書貨殖傳山在茬櫱即槎櫱也所字乃從草而諧以在聲故在聲為槎槎轉為查則是查者在聲之轉也猶之在之又轉而為裁為財也若曰察之轉則是又也差也察豈能轉查乎高陽遽色變乃復進曰察聲不轉查然而在即察也改查為察可乎曰不可老子曰其政察察亦惟察名不可居故以在字隱察名而轉聲為查

若改察仍察察也然則查可乎曰可曰此則僕之所未聞也夫字必有義查字無察義而有在聲使徒以聲同之故而不顧其義則道可盜也曰道固不可盜而在則可查不覯在又為裁乎在之為裁察義同也然而裁之又為財則無義矣裁、可財則在可查矣裁之為纔僅義同也然而纔之又為財則無義矣財可纔則查可察矣高陽惘然謝而起其後三相錄試卷糊名然終不用益都相公薦於廷上曰有著乎曰有曰何著曰資治文字資治文字何謂耶曰字書也旁一相曰字書小學耳遂罷既而益都擬再薦不得君曰小屯吉吾向不為大而為小此屯也然而吉矣吾幸得歸矣初君到京時益都相公欲館君於邸會邸客將滿中有一客鄉人也作字補一書内有觭字注曰水雲角觭遂音妻而入角部或以問君君曰呂覽曰水雲魚鱗未聞角觭也客大恨遂沮之至是欲再荐則同舍者再沮之君歸而逍遥仍與夫人相對坐戀花觀書越十年庚午七月七日微疾卒子東女昭華皆有才名越中閨秀舊稱伯仲商夫人其後伯商夫人女有祁湘君者繼夫人起而仲商夫人則昭華繼之既而昭華名籍甚過於湘君嘉興曹侍郎曰自左嬪蘇若蘭後文章之盛無如徐昭華者昭華婿駱生名襄錦乃為詞曰平原康樂席世勳兮將率妻子居之吳市門兮闔戶著書其閒情兮如何翁思復舉明經兮區區小學等曲禮兮食肉食肝不如婦故里兮將負畚者非

鴻妻兮老萊童鴻反比之茴倩兮七月七日黄姑上天兮

寵門虚左將駐此玅色身兮君有子過中郎兮千秋之室

堂堂兮　見國朝耆献類徵二

雷州府君墓志

雷州府君者先伯祖考也府君嘗三攝雷州守先後凡七年有遺愛於雷遂以雷州名府君丁年遭曾祖考囂囂山人喪有弟八齡即先大父藕船府君也凡弟友恭相屬以學並以詩古文名越中尤專治毛鄭詩乾隆甲午歲府君鄉舉魁詩經居第二三藝俱散體人多誦之丁未挑發廣東為知縣僅代文昌縣事半月即以捕海盜吳士奇等敘功加三級尋以獲盜林智等升同知歷邊內廣惠潮雷瓊五郡權羅定德慶等州三充內監試官積盜例當推知府久之不得真除乃浩然引疾去七十六歲歸居九曲山房貧不能具饘粥猶樂而忘老哦詩作書以自娛卒於嘉慶

乙亥十月享年八十越中學中以府君昌詩教于鄉設位卧龍山之詩巢以祔西園十子所著古今體詩十六卷久行世又續集一卷雜著文尺牘四卷皆未刻書宗裴柳而別成一體在米董間海内書家皆推重云當府君少時商寶意劉豹君兩先輩方主壇坫選越風實府君贊成之袁簡齋蔣心餘兩翁來越一見深相契合晚年歸山尚與二三時彦之學詩者晨夕談嘯一時稱盛自乙亥以來三十餘年風流邈矣所謂時彦亦漸彫槭舊時及門惟鄔君鶴徵存焉耳愴念往迹能不悲哉先考舊曾為府君卜葬地者再將治兆域而先君卒于官地亦尋失久殯山房前之南園道光二十七年十有一月壬辰吉日從孫禝辰始定

吉壤卒曾孫煥文奉移府君暨伯祖妣章吳兩恭人之柩合葬於謝墅紗帽山之沙涂原側室呂氏隨葬其左側距高祖考墓半里許謹題外碑曰會稽詩人宗芥颿先生雷卅府君之墓從先志也府君諱聖垣字价藩一號芥颿學行登邑乘文苑傳子孫曾十餘人今惟存煥文一人詳家傳不悉著于禮少不誄長銘誄類也謹為志其略而銘則闕以俟焉

紹興縣志資料

宗聖垣號芥飄會稽籍乾隆甲午舉人歷任廣東雷瓊惠等府同知三署雷州府事候補知府乙卯丁卯戊辰廣東鄉試内監試官引疾歸著有九曲山房詩鈔文鈔行世

永樂大典卷[illegible]

茹蘗行述見會稽茹氏譜　沆福昌撰

公諱蘗字韻香贈文林郎鳳來公子妣王孺人祖言遠公祖妣徐孺人孟孺人曾祖子榮公妣金孺人何孺人代業儒流隱德未曜茹出姬周之後鄭公族子如以字得姓元魏時慕中州氏族改如羅為如氏改普陋茹為茹氏二姓遂分而周後之如亦改從草宋時遷越會稽世居郡城劉韐大夫衕前鄰不戒火公始遷善法衖乾隆丙午科應鄉試舉副貢生時從兄尚書公棻方以廷對第一入翰林邀公入都同居邸第友愛逾嫡時　天子右文應御文字雲飛風集公輒代屬草尚書贈公三樵公名在　國史館循吏傳經術詞章亦稱當目鉅師嘗許公為能世其學其竹

香齋詩文集易學十種越嘮釋等書卒命公參校贈公卒偕尚書公旋里尚書公服闋赴闕再招之辭不復往至七十七歲始選雲陽教諭欣然就道口占詩數十章以自嘲其發端曰四十三年老副車頭童齒豁眼昏花何期鐵硯磨穿日忽聽銅鉦報到家其通易自然類如此居二年即謝歸蒔花疏泉以自娛執經就業者恒在百人以上作詩不拘繩尺偶一泚筆多輒萬言少逾千字龜經鷺律方言市紐一切闌入天趣翔洽嘗曰詩本風謡何嫌於俗且吾意不求傳世但以博笑而已遂題其新居曰一笑了然之齋晨起掬水盥花畢輒呼諸孫錄詩險韻非數十疊不止詠物則以官本韻部字盡為卒寫者幾苦學脫與同里王

笠舫
律令大令衍梅商拜庭學博嘉言號三才子大令斗酒百
篇有枚皋之捷當乾嘉朝才人櫛比嘗曰吾飲量敗于張
太史問陶好奇敗于洪師稚存誇多則敗於茹君矣公亦
曰吾生平晉接諸老輩唯紀文達公之強記未有以對耳
公逾七十目力勝少年日作細書名曰蠻分觸隸一胡麻
上書水火木金土五字或於蓮花瓣上書多心經一卷雖
鐙下不已至八十目卒勞蔑失精猶命生徒環立榻前口
授諸大經章句及學官傳注師説不遺一字所著詩文手
抄數過多為門生持去兵火後逾不可問矣昌家僅存近
體詩數卷桊鶴詞一卷先大夫嘗與尺莊杜先生煦謀梓
之未果竊攷詩卷之富者若宋張道洽一詠三百餘首元

馮子振一題輒衍百篇而皆不甚傳於後蓋由才藻橫贍如石衛尉之珊瑚王元寶之繒絹他人得分尺寸便相珍詑者彼則奮棄殆盡亦所不甚顧惜耳公於道光辛丑年卒年八十二配唐孺人少於公三歲卒年八十一子三壽丹以部從事授從九品職早卒次壽愷壽恒女二長適諸暨學生趙其以子昌言官得贈直奉大夫工部主事贈其母宜人阮福昌之親公幼女也昌嘗謹題公合墓之碣於謝墅山之麓曰墓春山陰松楸鬱𣝣行惟士箴官必儒林生有萬首之吟而不欲傳于來今此非墮淚之碑又豈焦尾之琴嗚呼已哉西望蒼梧柳何阻深蓋公之支屬在會稽者俱無嗣而勇氏壽愷有子有庶子有孫遊寓粵西數十

年未嘗寓書一存問昌嘗具牋託瀘溪司馬壽河清之（致）之司馬書來爲言舅氏健在而已

茹藥字韻香號也園又號玉笥山農會稽人乾隆丙午副貢官松陽訓導著吟花書屋入怪山房一笑了然諸集家傳略先生爲三樵司馬敦和允子官括蒼一歲即移疾歸年八十卒生平詩最富不下萬首手定稿十六卷僅百一耳杜尺莊徵君曾任剞劂不果經難皆付煨塵可慨也玉椒爐炽閒先生腹笥便便四部七錄信口援引詩文頃刻立成一題輒百首一篇或萬言善細書一花瓣書唐人絕句百首一便面書蕭選數篇或於胡麻上書意蠶蛟龍四字八法精勁行白井然極目力始可辨同時翁覃谿雅擅斯技無以過之眠雲舸釀說舊藏先生詩如新樂府南歸雜詠冷花百詠惜春吟銷夏吟無題詩守鐔吟各百篇其

詠月七律三十首桐陰清話以為王笠舫作綠雪堂集不載或偶佚或傳味琴校訂時删之按原稿有笠舫評云奇思壯采巧奪天工後先生亦有自記為題苦窘用法頗費苦心則決非王作矣杜煦曰君下筆千言繁富自喜善芝麻小楷自述詩云美人紈扇中楷隸飛蟣蝨官松陽日有士人妻賣作妾君贖還之亦盛德事也 以上見輶軒續録卷十四

秋學禮字立亭山陰人乾隆己酉舉人官秀水訓導著補齋文集

汪如瀾傳略先生年三十師茹三樵先生曰子忠信力行卓然自立行修矣博極羣書無間寢饋學勤矣不患不成名也七旬餘朝夕咇有正業暇時語子金曰善讀書無妄求可以自立可以樂道 以上見兩浙輶軒續録卷十五

紹興縣志采訪[illegible]

秋學礼

秋學禮乾隆己酉科舉人大挑二等秀水縣教諭箸有三禮詳考補齋文集儀禮節讀

樊廷緒

樊廷緒字端書號莫齋又號寓沙會邑廩膳生中乾隆甲寅本省鄉試舉人戊辰大挑二等授富陽縣訓導先生書升後不求聞達自丙辰至甲子十年讀書因得究心經史子集凡坊肆及藏書家靡不借覽越中樊氏向以樸學敦行稱而先生與其兄菘畦孝廉尤擅經術著有寓沙詩鈔八卷道光壬寅年梓行瓷攷廿四卷藏稾待刊

跋樊莫齋先生寓沙詩鈔

莫齋樊先生譔寓沙詩鈔八卷，遺令以序託杜尺莊丈，遂為刊行。既成，而稷辰還自京師，杜丈屬為序，愧不足任也，因跋其卷後云：童時聞樊氏一門以樸學敦行名，而菘畦、莫齋兩翁尤擅經術，蓋書升後不求聞達，讀書山中，後皆秉鐸一邑，為庠序大師。而莫齋得富陽有江山之助，爰出其經史之餘力，發為詩歌焉。夫風雅故學者所業，而世率謂經生家不能兼，往往棄去不復為，為之又多奧澀煩冗，弗協於六義。若先生學道有得，涵泳性靈，不汲汲以詩名，而詩已可傳如此，非昌黎所謂餘事作詩人者耶？昔朱文正公視越學，列君茂異，先君同時以弱齡入庠，有同門之誼嘉慶中偕同輩以社課質令弟季子而未得一見先生頃居山中幸見其遺文之傳於世而老輩風流凋謝已二十餘載矣集中游興龍山詩低徊於四朝之松擬以元老今古松既盡梁木復頹登山而指無窮追悼不勝九原隨會之思矣杜評樊文詩以沖澹勝學道有得誠非妄許

按先生名廷緒會稽乾隆甲寅舉人官富陽訓導（廷簡已列前達文苑第十冊）廷簡之弟也廷簡籍山陰而兩浙輶軒續録以先生為會稽人豈傳者誤耶

章實齋先生家傳

譚廷獻

章先生學誠字實齋會稽世族生而質魯賦稟孱弱少入塾讀書百餘言猶亟不赴程已而日親墳籍不樂事章句少長披覽子史識去取久之洞明著作之本末交餘姚邵晉涵氏益推究古近史家之學嘗出游客馮兵備廷丞所與休寧戴震江都汪中皆兵備所敬禮而所學異趣先生學長於史嘗謂六經皆史書與春秋同原詩教最廣太史陳之官禮制作與大易之制憲明時聖王經世之大旨所以為史也以故秀水鄭虎文推先生為良史才成乾隆戊戌進士官國子監典籍恒就南北方志之聘創州縣立制科方志立三書議世未能盡用也畢尚書沅總督湖廣延

紹興縣志採訪稿

撰湖北通志書成而論者詆諆先生條辨之今所論定和州永清亳州天門諸志或傳或不傳而湖北通志亦非先生之舊矣論課蒙學文法略曰使孺子屬文雖僅片言數語必成其章當取左氏論事君子設辭熟讀而仿為之孺子皆讀左傳者未必遂能運用今使仿傳例為文文即用以論事是以事實為秋實而議論為春華矣左氏春秋備述易書詩禮孺子讀經傳而不知所用則分類而習其援經證傳之文辭擴而充之根柢深厚初學先為論事繼則論人論事之文明暢疏通知遠本於書教論人之文含蓄抑揚咏歎本於詩教纂類左傳人物而學論贊必讀司馬遷書遂使孺子因論贊而略知紀傳之事因紀傳而妙解

論贊之文論人之功既畢則於左氏春秋之業思過半矣童孺知識初開甫學為文必有天籟自然之妙非雕琢以後所能及也譬若小兒初學字畫時或近於篆籀非工楷以後所能為也迎其機而善導參之以變化故自論事論人以下諸體迭變復又使之環轉無窮所謂一尺之捶日取其半而終身用之不竭也與友書畧曰考論人物向為同志商定條例曾刊印格標為讀史年譜旁行十道首行甲子次行紀年凡涉十年年甲一板如唐三百年三十板足矣前後空編甲子三數板俾生隋時卒五代時之人皆竟顛末餘史均可類推其人止載姓名生卒年月下注某紀某傳篇名出處則翻閱時一切考證均可照注自尋本

文若兼載他事則例不純而功亦難竣外戚列女隱逸才技姦臣佞幸凡見史策中者無一不收至於紀年之法正統偏安均照各史編年如三國志各自為書各編譜首各分年甲各注本國之人可矣僭竊載紀其國並無本史然後以十六國仍晉年九國仍五代年既以讀史年譜為名分合之例一以本史為斷可也先生文不空作探原官禮而有得於向歆父子之傳每一篇成恒寫寄友人人間傳錄多有異同所撰通議數十萬言嘉慶辛酉先生卒時曾以稾草寄蕭王宗誠為次目錄道光壬辰次子華紱寫定文史通議内篇五卷外篇三卷校讐通義三義刻於大梁

譚廷獻曰通義寫本得讀於廈門大梁板刻浙東兵後

獻渡漸江訪得於會稽周氏祠堂亦闕佚矣出篋中舊本補刻於杭州書局印行廣州有伍氏[illegible]書本近歲後裔又重刻於黔於是末學日開遺書津逮矣獻所得遺稾一二未刻襍篇要刪如右庶幾布之章氏家塾四方承學就傅之士以時興起云爾

顧壽楨初名以文字祖香山陰人咸豐己未順天舉人著孟晉齋詩文集

呂儁孫序畧方鄂邑困於兵祖香以寓公爲區畫城守麾健兒數野戰賊既郤而祖香病病起值母喪以毀死其學博才贍行方志潔源本於忠孝而伊鬱於時事集中如周列士傳幽憂論可得其概以上見兩浙輶軒續錄卷四十五

紹興縣志采訪稿

紹興縣採訪稿

沈光埏字輝宇會稽貢生候選訓導著竹隱山房詩文鈔

家傳畧公少工舉業以家貧去而讀律蘊務為經世有

用之學咸豐間閩中會匪蔓延郡邑以書生參帷幄繕

守備撫瘡痍不遺餘力詩文俱佳著有孫吳兵法直解

脉理闡微游藝襍錄以上兩浙輶軒續錄卷三十一

紹興縣志資料

顧家樹字介卿會稽人

家傳畧介卿五六歲能辨四聲稍長即為聲偶之詞以性格孤僻狷潔簡傲故字之曰介閒譚忠孝事依依不忍舍去年僅十七惜哉以上見兩浙輶軒續錄卷四十六

紹興縣考試號

沈厚字心田，會稽人，宛平籍。嘉慶癸酉拔貢，改歸本籍，官松陽教諭。

馬永高曰：先生文名甚重，如仝小汀侍郎、金穀生觀察皆高足也。工書，詩文多不留稿。殁之夕，其家夢有老僧來迎，異香滿室，殆有夙蒂者。著《學宮典禮備考》。以上見《兩浙輶軒續録》卷二十七

紹興縣採訪稿

朱潮字丑韓號海門會稽人咸豐壬子進士官四川成都知府著寶善堂集眠雲舸釀説先生幼於史記文選致力最深全書背誦不誤一字著有史記集評散文韻語規撫選體為多歸道山後檢拾遺篋得摺稿數十通編次二卷梨入蕩園叢書集評手定本凡數十萬言可單行惟詩歌雜文無存稿僅手書便面五古八章似少作非其至者姑錄存之 以上兩浙輶軒續錄卷四十二

紹興府志卷之三

寶善堂遺稿跋

朱先生堅苦劬學自爲諸生泉官翰林日有程課所作文字最富即律賦試帖制義亦存數十冊而未暇裒葺全集者以遺草塗乙旁行斜上未能薈蕞且不敢肊爲去取也先生於咸豐庚申入臺同治壬戌奉封公諱乙丑再入丙寅出守欽州前後居諫職凡五年所上封事無慮數十通而手稿多存餘無可覓或鈔置他書或本未存稿也步青從游有年嘗請寫其副輒笑不允比先生歸田歲時往謁屢請付剞劂又笑謝之蓋雅不欲以諫草流傳今先生往矣開雕度非所許顧念先生授經都講及分校京兆所得士多瑰瑋閎達而朱肯夫詹事陶子縝太史皆盛年委化鹿

滋軒中丞又致仕歸定興胡子韻史立之諸子未由合并
先生得子伏生最晚令方十齡逡巡不爲久庋篋衍慫恿爲
蟫腹鼠喙嚙盡此門弟子之責也爰屬楊甯齋孝廉繕寫
得二卷凡二十二篇又附片三十六篇蔡錄諭旨及部覆
議奏未見邸抄者闕之仿印心石屋多華堂諸家例也空
山寒夜一鐙校讎當時最晚立雪之門人垂垂將老亦如
先生出守之年矣先生有史記集評朱墨細書幾數十萬
言卷帙較多未可刊入叢書俟異日單行云光緒丙戌小
除夕受業山陰平步青謹跋

沈家晉字雅軒鏡煌弟會稽人著敦素幽吟草

孫德祖曰雅軒少業儒不得意供事吏部考功司嘗從

部使者按事滇黔議叙得補吏不就幕遊闗中以平反

沔縣獄爲撫部遏公寶泉所激賞檄斶縣著爲令是有

明體達用之學者　以上見兩浙輶軒續錄卷五十

紹興縣志資料

陳漢章字倬雲山陰人幼抓事母以孝聞同治四年舉於鄉任海寧州學正州有某生服西吏教立予斥革某生能文而貧保列優異一懲一勸士論翕然性嚴峻不苟言笑非義之財一介不取筮仕十餘年囊無餘貲卒於官州人奉栗主於學宫尊經閣祀之著有卧樓文存卧樓雜記管窺録蟄莽艸耕餘艸窮餘艸日下艸西渡艸等集待梓來稿

[illegible]

孫彥清先生傳

薛炳撰

孫先生諱德祖，字彥清，會稽人。生而穎悟，十歲能詩。同治甲子院試以第一名入縣學，旋即食餼。丁卯試鄉以第三名中式為舉人，六上春官不第。光緒庚辰大挑二等，就教職，授長興縣學教諭，以上官疊保得卓異。辛丑升山西右玉縣知縣，先生以才力不及辭。壬寅改選淳安縣教諭，明年到任，則地偏土瘠，俗悍民嚚，文風士習不逮長興遠甚。先生方謀整頓，會嚴州府知府黄公聘主府中校講席，熱心教育。閱十餘月而懋（遂）甚，甲辰寒假回里，遂不復出。以光緒十三年卒，年六十有九。先生故居昌安門外半塘橋，家世豐腴，以辛酉寇難耗其資，所居室復燬於燹，遂遷居小皋部。不以豐約易心處初平遂與臯中諸子聯詩社相唱和一時文讌之盛為泊鷗吟社所未有世所稱臯社是也先生自戊辰計偕後不恒家居而劬錄文事如故且奔走衣食於是計四十年來一為教讀一為記室五修志乘先後校閱縣府試卷不下十餘次最久者為長興教官教官故稱冷署人率比諸宋之祠祿無所於事甚者且與寒士爭䞇修遑論造士而先生不然甫下車即修葺學舍顏曰願學堂庋羣籍其中諸生有入謁者輒為之講明大義指示門徑士風因之一振邑故有若溪書院官師專課制藝先生以教職兼為其監院始創設小課課詩賦躬親校次擇尤捐俸付刊以廣觀摩不數年成效大著及為嚴郡中校教員當時風

氣初開議論龐雜先生慮多士之或誤趨向也諄諄然於學術心術是非邪正之間苦心分明析疑答難至百反而不生厭倦可謂勤於其職矣著有寄龕文存四卷寄龕文賡四卷詩質十二卷詞問六卷寄龕甲乙丙丁志各四卷讀鑑述聞若干卷

掌山西道監察御史督理街道李君蓴客傳

君姓李氏初名模字式侯後更名慈銘字悉伯號蓴客浙江會稽人生有異才年十二三即工韻語集中所存游蘭亭諸詩是也長益覃思劬學於書無所不窺時越多高才生咸推君為職志道光庚戌吴縣吴姓舫侍郎再督浙學侍郎漢學大師得君文偉悉之以弟二人補縣學生員次年食餼而應南北試凡十一屢薦屢報罷咸豐己未北游將入貲為部郎而為人所紿喪其資落魄京師母恭人亟鬻田成之李氏越中巨戴以財力滋殖雄里閭君授產故不豐至是傫然寒士矣同治乙丑請急歸奉母諱庚午始舉浙闈五上春官光緒庚辰始通籍君才望傾朝右僉謂

宜擢上第而顧不遇以原官久次補戶部江南司資郎大
都尚聲氣交游造謁報謝無虛日暇則徵歌狎飲以為常
鮮治事者而君獨鍵戶讀書吟詠蒔藥種花非其人不與
通經年不一詣署尚書朝邑閻公方嚴覈名實下教諸曹
郎分日入謁尚書坐堂皇旁一司官執簿唱名堂下聲諾
如點隸呼囚者然吏持牒至君手書衆千言責其非政體
不當辱朝官而輕量天下士伉直激切若昌黎與張僕射
書走筆付吏去閻公得書頗善之事遂已己丑試御史庚
寅補山西道監察御史轉掌山西道巡視北城督理街道
皆舉其職數上封事洞中利弊不避權要被　旨允行或
報聞君頊頊不自得今年夏倭夷犯邊敗問日至知君者

頗訝何以無所論劾蓋君戍削善病至是獨居深念感憤扼擘喀血益劇遂以十八月二十四日竟猝年六十有六君自謂於經史子集以及稗官梵夾詩餘傳奇無不涉獵而撫放之而所致力者莫如史所為散文駢體攷據筆記詩歌詞曲積稾數尺而所得意者莫如詩讀者以為定論君性簡略胷無城寓然於尚名節意所不可輒面折人過議論臧否不輕假借苟同雖忤樞輔不之顧以是人多媢之然虛中樂善後進一言之合謳之不容口所指授成名者為多門下箸錄甚衆平生故人有改而北面者它可知已君於經學有十三經古今文義彙正說文舉要音字古今要畧越縵經說於史有後漢書集解北史補傳歷史論

贊補正歷代史贉閏史唐代官制雜鈔宋代官制雜鈔元代重儒考明謚法考南渡事畧國朝經儒經籍攷軍興以來忠節小傳紹興府志會稽新志又有越縵讀書錄越縵筆記柯山漫錄孟學齋古文内外篇湖塘林館駢體文鈔白華絳跗閣詩初集杏花香雪齋詩二集霞川花影詞桃花聖解盦樂府凡百數十卷可謂碩學鴻文蔚為箸述者矣友人僅刻其駢體文鈔二卷詩初集十卷餘未禮堂寫定傳之其人娶馬恭人無子以弟之子孝塗為嗣

論曰吾越奇才近代推石笥胡徵君御史後出所學與徵君徵不同其論定國朝古文以徵君以為六家之一徵君性剛任氣豪傷自憙不頫循咫矱為朝貴所根迮卒以窮死

御史晚達入臺差遇矣而亦不克大襮所蓄卒蕉萃侘傺以殉不可謂非窮也然徵君有言古今人皆死惟能文章者不死於虖誰謂御史而竟死哉山陰平步青纂

君嘗言文非予所長最爲知己自聞惡秏雪涕霑襟即思爲誄及哀辭以抒四十五年同窠之悲苦不成一字江郎老尚才盡況不通如予乎嘉平十七日王子獻太史夜過我屬爲纂傳將以冠詩集之首予謝以素不工文御史所知謬妄爲之必軒渠地下不但一言不覈虛空下擊也去後構思除夕脫稾淚與墨俱既無行狀哀啟就所知拉雜書之取視無一字是不敢以示太史也自記

紹興縣志資料

平棟山先生傳

門人楊越謹譔

先生姓平氏諱步青字景孫號棟山或號侶霞霞侶霞外亦署三壺佚史浙江山陰人先世諱聖臺乾隆甲戌翰林歷廣東廣州府同知者高伯祖也諱恕乾隆壬辰傳臚歷兵部右侍郎者曾伯祖也曾祖諱欽太學生妣童氏祖諱溶美妣孟氏父諱元芳官江西雩都縣興仁司巡檢妣姚氏早卒側室滕氏三代皆贈榮祿大夫妣皆贈一品夫人伯兄步洲嗣胞伯諱元茂後先生夙慧劬學過目不忘道光庚戌年十九見賞於學使吳姓舫侍郎爲縣學生旋丁父憂咸豐乙卯中式本省鄉試舉人榜前丁生母滕夫人憂辛酉考取宗學教習同治壬戌考取內閣中書大挑一

等以知縣用是年成進士改庶吉士癸亥充國史館協修散館授編修甲子倭文端公保舉品學兼優入直上書房副江南主考所得皆大江南北知名士一時稱盛乙丑充國史館纂修照料鍾郡王讀書丙寅大考一等擢翰林院侍讀充文淵閣校理丁卯京察一等出為江西督糧道剔除蠹弊以益正供戊辰署江西布政使潔己率屬吏治一清是年勸辦四省捐輸集欵八十餘萬己巳回糧儲任壬申正月大府檄署江西按察使適微疾又以刑官不可為力請開缺遂於八月回籍先生歸田後自號棟山樵戢影湖壖足跡不入城市惟以讀書為事其於喪葬祭祀與夫贍族睦姻處人接物罔不仁至義盡而自奉甚儉布衣疏

食仍守寒素家風非所謂出處一節躬行君子者與先生早歲歷館藏書家遂成奇博尤嫺於掌故故每閱一書輒剌取它籍證其譌誤至毫髮無遺而後已於是積有羣書斠識一百二十餘種校讎之精審無殊盧氏抱經其所自箸攷訂則方駕潛邱竹汀理初諸家古文則抗衡結埼大雲衍石諸集窺其淵詣實兼衆長足為有清一代作者後勁先生晚年自定為香雪崦莘書二十種曰讀經拾瀋讀史拾瀋宋史敘錄修明史史臣表文廟從祀議攷畧國朝館選爵里諡法攷續上書房行走諸臣攷畧南書房行走諸臣攷畧召試博學鴻儒攷畧召試博學鴻詞攷畧薦舉經學攷畧大考翰詹攷畧越中科第表浙江山陰平氏譜

續司農公年譜羣書斠識霞外攟屑樵隱昔寱楹帖摭談浙江山陰平氏攟殘集藏於家乙未六月二十九日辰時卒距生於道光壬辰二月初八日享年六十有四配莫氏封一品夫人知書明大義光緒癸未捐直隸賑賜樂善好施坊額側室楊氏生一子一女子膺穀亦好學

楊越曰先生與李越縵侍御同案補博士弟子員相契厥後學問之日進不已以至奧博無涯涘亦相同其不同者侍御多詩詞酬應之作先生則攷辨疏證為多侍御久居京師文采著見故名滿宇内先生則譔述雖富而服膺荊園小語以梓行流布為戒不自表襮故當世學士大夫尠知之然其書必傳後之竑推為吾越兩大無有能參與其

間則斷可識矣

紹興縣採訪稿

王繼香小傳

公姓王氏諱繼香字子獻號止軒晚號慣翁又號越慈老人世為會稽籍年十九受知於泰興吳學使取古學第二入邑庠補優廩生明年同治乙丑舉於鄉叠試春闈五戰五北洎光緒己丑恩科始成進士入詞垣庚寅授職編修四次考差錄取者三僅充壬辰會試磨勘官一次甲午大考以同試友人咯血幾殆力為贊助致己卷漏書二字而未得上考院長深為惋惜是年萬壽慶典特派書撰聯額冀得優保旋以東事停止其命矣夫厥後院長又將保送御史公以傳到需時既急欲自效又為境迫遂於戊戌秋援例保送知府簽分河南初榷鞏邑煤釐移榷往流鹽釐

提調轍局監試順闈上台器重檄權河南府事以糧事改章不克接篆再權往流意坦如也整頓釐務極意經營方期膺上考握郡符以大展其才不料花甲甫周遽爾歸道悲哉公弱冠時孝行稱於鄉里為其嫂殉烈弟殉孝痛悼甚深徵海内文人歌詠編銀管懸孝雨錄行世事聞旌如例生平愛才若渴振拔寒畯主鄞之鄮山越之稽山講席時所得皆知名士今掇巍科以去者不可枚舉故數十年負人師重望而纂述之書高可隱身駢散文辭詩詞歌詺手自刪編迫雖錄副尚未付梓雅愛硯嘗仝硯影三百餘方蔚然巨帙並金石墨本四種曰鏡鏡曰印印曰金金曰陶陶冀成完書以公同好所輯圖冊種類不一如髮冢圖稽山攬秀圖鏡湖醉月圖四憶圖夭童訪

碑圖海天琹歗圖綠天爐墨
圖授硯圖墨蜺圖等類是也咸請名人題詠之翕乃文章書法海內宗仰上自薦紳下至韋布即遠至朝鮮日本使臣莫不接踵而求僉以得片章隻字為榮幸特其一生命運坎坷功名蹭蹬而疊遭家難晚年尤甚喪偶喪明公以悲悼之餘宦興甚淡精神頓衰於光緒三十一年乙巳夏五月以疾卒於往流權舍年六十配姚恭人先公二年卒子二長祖杰為公長兄後童年入泮有聲於黌惜天不假年蚤卒次祖榮邑庠生孫三宗城宗華宗周側室陶氏距公歿三日仰藥以殉得　旌如例公一生箸述卷帙浩繁均未付梓僅有拙箸記目手自編定茲不備載焉

永[illegible]

何徵字竟山山陰廩貢生歷署蘭溪永嘉縣學教諭定海廳學訓導福建候補同知保加知府銜攝理浦城縣知縣署有漢碑篆額三卷臺灣雜詠合刻一卷已梓國朝金石詩錄續畫人姓氏錄師友小紀字辨篆彙思古齋隨筆思古齋詩文集待梓

李夔鼎事畧　李氏來稿

公名夔鼎字梅生號調夫譜名爍然會稽人幼失怙事母至孝家貧勤讀以諸生中式道光辛巳恩科舉人乙未大挑知縣出宰閩中歷署海澄安溪興化等縣授邵武縣知縣人民愛戴有文譽屢調鄉試同考官著有擬作選刻於直省闈墨出其房者皆名下士縣試所拔士亦多顯達如林壽圖福建團練大臣高福康等皆是公母周太宜人青年守節公涖閩迎養署中年已八十爲開筵祝嘏門弟子皆稱觴上壽一時稱極盛焉以母氏苦節聞於朝得旨旌表且得封贈三代嗣以胞弟衡耀訃至母欲還鄉公即告終養上憲紳民堅留之公上禀詞有天恩之重終不能奪天性之

親愛我之誠終不能敵生我之德云云卒棄官回歸籍後時有閩中門弟子遠道來候者晚年精神矍鑠同治壬申重游泮水鄉里老幼爭望丰采上壽八十有二無疾而終子德奎字月舫號蔚文光緒戊子科舉人揀選知縣有文譽兼擅繪事孫鏡燧鏡祥鏡心鏡燧光緒甲午科舉人鏡祥邑諸生

馬星聯傳畧

山陰安昌里有馬玉堂字梅史業米牙生子良驊字肖梅能讀書中穆宗同治乙丑副車先是良驊於文宗咸豐六年丙辰生子星聯字梅孫讀尤慧以德宗紀元乙亥恩科領鄉薦年僅二十時良驊已殁姻黨咸以偉器目之未幾星聯考取中書需次都門館座師總憲奎潤家頗小有聲望惟秉性傲岸輕阿堵物館穀歲入不敷友出頻頻為人入名場頂替博潤筆以資揮霍光緒九年為言官摺參舉筆跡不符四字為銕證而褫革逮捕之旨下星聯從姻家婁厲得風聞漏夜棄裝潜遁歸里爾時朝廷偵之亟檄山陰令曾壽麟搜捕原籍曾委王典

史來星聯匿他處免焉其後捕務弛星聯始稍稍露頭角
且有伏櫪千里之思其用駢體與奎潤書有曰食漏脯以
充饑飲盜泉而解渴方自謂今也純吾從衆而夫子闇之
固嘗面加申斥然貪乃帖骨之瘡華元化無以奏效文是
憎命之鬼韓昌黎空自送窮利令智昏情為境動卒之有
癸未七月二十九日之事當時豈不思匍匐台階叩求良
策祇以偃也捉刀亦既負昔者之訓遂覺由也鼓瑟不敢
升夫子之堂又曰將來夫子管理部務翼贊綸扉作霖雨
於雲端陸氏之荒莊再熟覓良材於爨下蔡家之焦尾如
新憐公冶之含冤而明其非辜承虞廷之清問而代為轉
圜書去後奎無以應星聯乃更名逸臣意在事親課子以

老久之生計窘竭以賣字自活時或縱酒狂言時或書空咄咄大類心疾至光緒三十一年乙巳竟抑鬱侘傺以死年五十著有聽香讀畫軒詩文稿以貧甚迄未殺青妻夏富春問山先生子也子森年亦邑庠生啟鴻曰予嘗見星聯猶（獲）譴後伏里門事母孝交友信非不自愛者其過富春題畫云生小住江干生涯原在釣指點客星高怪底漁家傲自題書室云奉母願登無量壽課兒補讀未完書題大有庵門云大千世界誰先覺有限光陰莫浪遏（過）皆力走性靈一派未可厚非焉厲樓風雨追憶及之深恐落莫書生名隨草薙為傳其畧如此

[illegible]

馬君湄尊傳

薛炳撰

君名用錫字眉人會稽人祖斯臧為子錢家當事歲積庸贏頗饒晚年人推為富室稱三財殿前馬氏也及君之生而家落母氏周與蔡君寉顧之母為女兄弟相友愛故君幼依從母嘗與蔡君及余同受業於探花橋子莊王先生之門君年亞於余凡五蔡君三而敏慧過之時或三人聚觀書余不逮蔡君十行之二蔡遜於君亦然故君欲轉業而蔡遲之蔡欲轉業而余又遲之君往往他顧而嬉余必大聲呼曰轉業矣則回首注視未幾又先畢余與蔡君皆心服其捷吾師督課制義甚嚴嘗援北宋程子之言以戒學者曰文非專好之不工故凡四書五經之外悉禁不得

觀恐其妨舉業也余家大路蔡家筆飛衖君宿於蔡三人皆早出晚歸歸輒私聚他書互觀蔡好說文小學君好詞章余則乘興涉獵而已然皆苦不得書時距余家三里而近有舊書肆曰胡瑞成凡不全之書皆可貰余以為慰情聊勝於無則出錢往貰取以來三人互讀之數日輒往易如是者數年胡氏之書殆徧焉君喜誦離騷好飲酒余耆書院小課得膏火輒與君共飲嘗有句云咏花人到方沽酒買賦金來足購書相與笑樂忘饑寒焉歲丁亥水澄巷徐氏顯民以孫兩君皆爭出鉅金購書以孫邀蔡君為伴讀顯民從陳耐盦先生學經義惟余與君皆以教讀為生不得在城常相聚耐盦先生者諸暨孝廉名偉經學大師

也時館於郡城南街應氏陰相越中好學之士以蔡君為才奬勵之欲使出門下蔡因邀君及余共師事之未幾蔡君中式己丑恩科鄉試舉人聯捷成進士余亦以壬寅入山陰縣學補博士弟子員而君獨不得一當於有司則益汎濫羣籍縱酒高歌不屑屑於館課歲易一館余與周君味蒓勸規之而君亦未能盡從歲癸巳陳六舟先生彝莅越科試始取君入會稽縣學為生員余亦試高等食廩餼凡故事學使按臨一府試既畢必集闔屬生童而勸諭之名曰發落是屆陳先生語諸生曰新進馬生用錫文有奇氣閒雜恢詭須讀宋儒書以陶養之朱生啟灤饒有文學薛生炳可謂經生然周生藴良厚重不佻道器也諸生皆

當以周生爲法當是時余治荀子謂程朱乃荀子學派陸王爲孟子學派周君甚不爲然而君獨以爲碻不可易君治經以汪氏中爲法古文宗龔定庵駢文宗孔顨軒詩主黄仲則詞主常州派於書無所不觀嘗購舶來品於市肆肆人適以東洋廢報爲紙裹君諦視數四能以意屬讀不數日雖未聞伊吕波之音而已通知其文法矣顧以貧久不娶余友俞君伯英奇其才以族女許字之君質祭田以爲婚禮境益窮文益工而傲亦益甚越中人無顧問者遂遠出謀食歲乙未余館於松陵陳氏一日君母突至曰官吏追陳糧甚急親族無可告貸念八兒臨行之日謂有緩急惟熾昌哥可恃故今急以告八兒熾昌君與余小名也

余悽然動念顧亦無所得錢乃檢所藏精本書籍出質莊君仁如得墨銀三十圓付之去君久滯不歸歸亦不善治生兄雪園久客汴無消息弟酉生習商業亦落拓不知何往君母既卒遂寄食於外家妻弟安甫亦秀才待君甚有恩義然亦先君卒君益復無聊適蔡君歸自北京為紹興中西學堂總理延君任教習君熱心教育著理學齋導言數十篇以教學子余時客張氏往來申越間君每草一篇輒寄示余余甚善之及明年庚子余入學堂與蔡君言論多不合君左袒蔡君亦持無神論且謂三綱乃馬融邪說以媚時君不出於孔氏余辨之曰論語祭神如神在孟子言堯使舜主祭而百神享之孔孟何嘗言無神儀禮喪服

斬衰三年章傳竝云君至尊也父至尊也夫至尊也傳爲

卜子夏氏所作安得云不出於孔門然當是時君已病學

堂功課繁重不勝其勞堅欲辭去余爲薦於英文華立熙

氏不數月竟以病卒年僅三十有一彌留之際乃大呼有

鬼神徐君聞之曰惜哉胡勿砟舌無言以絶後人之迷信

周君味仁傳

君名蘊良字味仁姓周氏會稽人性孝弟束修自好篤志於學年十七為諸生歷試歲科皆高科第既補廩譽望日隆而輒困於鄉試俛得失者屢矣家世業工賈無達者若君思以科名顯其親不得志則益不敢議有司之不公不明而惟痛自刻責求工於制藝藝已工極無可加而君猶鍥而不舍甚至憖棄一切諸學之有端緒者以徇之而不悔朋友多憫之光緒戊戌考試改章君色然憂之或謂君博極羣書束於八股不得逞今改試策論必獲售無疑君泫然曰蘊良非熱中念祖父以汗血營業雖一錢不敢妄用特為不肖費財讀書今父年且老不得以一第慰希望何以

為人子即不數月孝欽訓政復八股君益簡練揣摩冀得一當庚子之役兩宮西狩歲辛卯孝欽悟端剛之誤國也悉復戊戌新政明年回鑾將舉行經濟特科浙江學政張公以君名上薦君是時已得優貢中式補行庚子辛丑併科舉人癸卯會試以第一人登進士第入翰林特科試竣請假回籍省親明年春將北上遇微疾竟卒年三十有八時光緒三十年甲辰正月二十一日也薛炳曰炳之從祖姑君之祖母也於戚屬為尊行而生僅僅先兩歲又家大路去君家斜橋一里而近故幼相識長相敬彼此相稱以字而且以兄及先生焉光緒初年周亦韓明經炳琦王吉堂孝廉餘慶及其弟子潘少華布衣梧講學越中聯同

人為志學會一時好學之士多從之君方年少最後聞其風而悅之將往入會謀於炳且欲與俱炳曰真道學為之甚難非所克勝若徒起模作樣樹聲以炫流俗尤不顧為蓋諷止之而君不以為然既而出示其會中同調之友富陽夏伯定太史震武悔言有曰欲正學術當從罷陽明從祀始炳怨曰何門户之見乃爾君等之會非志學殆爭名也因擲還其書君從容進曰先生方謂真君客氣何亦效尤學術是非自有公論豈不容他人一言耶炳亦不以為然然見其自入會之後事父母益勤待兩弟益友威儀日飭舉動造次必以禮身故削弱至是日益腴炳因知莊敬日强實有徵驗愧不能效之愈親愛君君亦知無不言雖

小失必致規炳性浮躁而不致蹈大惡者賴君有以維之也甲午而後炳懷國物兩恥爰與杜君秋帆壽君孝天胡君鍾生俞君伯英及豫才閬仙兩何君競講新學以開通紳智為己任日夜慫恿徐仲凡觀察樹蘭興學堂醜詆時文為無用議稟請停課書院以其資產為學堂經費徐君懼鄉先輩之阻撓也不敢盡從而君亦深以炳議為非是及蔡隺廎太史元培以戊戌政變逃歸徐君延為學堂總理蔡君潛以廢三綱導學子馬君水臣沈君桐生均以是辭去炳時方病廢容張氏不得知既而徐蔡二君皆再三延炳任經學君密阻曰徐蔡皆入洋教慎毋往炳本慊君守舊聞此言因面斥為造謠君嘆惜不復語既入堂果與

蔡君語抵牾積日益甚時惟豫才不在堂胡君守中立餘皆袒蔡君而杜君出語尤悍炳勢孤忽劇告退徐君持之不得去至暑假徐君因是停辦學堂前惟舊黨仇炳至是新黨亦仇炳矣一日炳與君遇於張氏君以前事斬固炳又語次必是孝欽非德宗炳時已被酒發怒漫罵君亦激不能堪遂相鬨張氏之人勸解閱數日彼此痛哭認罪而笑炳已徧學界矣自是蹤跡遂疏即見亦不復談政學閒君之自北京歸也嘗謁郡守論及辦學君對曰公果欲整頓學校非敦請潘少華薛朗軒兩先生主持不可嗚呼君亦何所見而云然哉君固不幸而早死雖然君以早死得完全為愛新覺羅氏之臣民不然如炳者含垢以食民國

之棄盡棄素論亦何生趣也歟　薛炳撰

永樂大典卷

沈玉書

沈玉書號素庭山陰諸生著有常自明齋詩鈔未刻

周晉鑅

周晉鑅號寄帆會稽人以明經官訓導著有小寄廬詩稿

跋商葬亭先生詩後

國初稽陰舊家多才子者首舉祁商祁族遭難遽衰而商氏累世傳風雅之緒如質園先生尤著已質園提唱壇坫選越風一時從而爲詩者多邑中才彦鄉鄙至今稱盛事久之乃有其從孫葬亭君承其家學而才氣沈雄於西園遺韻以外獨標俊勁洵質園之良嗣也質園之弟夢白丈曾與穫辰家有連先伯大父芥颿老人嘗師友質園夢白兩翁聞君晚出初未之見及自粵還山喜與後起諸詩人相周旋其時君游蜀初歸而集中不一及焉同地同時同道而致相失豈賢智之遇有命存乎其間不可强與越中近學詩古者如陳石生杜稼軒錢劍生輩往往出君門下

多有成就若稷辰幼時聞君名以不登其門爲嗛今下世
二十年不可得而見矣自愧於詩學瞢然無所師承頃以
憂居山中尺莊杜丈刻君詩集成以序見屬惶悚不敢任
且君與杜丈交最深知言又莫能尚序君詩惟丈爲宜稷
辰未可言詩有述其仰企之素而已戊申三月跋

杜評極力推許文情獨絶

按先生名嘉言前送列文苑類見此跋復録備采擇

跋周月樵遺詩

周原

道光初余與月樵相愛親嘗同游曹山賡和水石之畔其時君家存齋翁與周丈竹生紀丈百穀鄔子雪舫數會泊鷗社月樵方學詩於其間每見其出筆有清逸氣心賞之以為蘭坡學士之祖風有嗣響矣亡何余別去乙丑秋在京師聞君猝以疾卒為詩哭之又十九年而余始東歸其孫以其遺詩見示雖所存不多而卓然雅健自寫懷抱幾造古作者之室倘天假之年得遂其學而盡其才其所成就豈止於此而僅此百篇之存是大可歎惜者也雪舫於君初喪時早為之序矣余乃跋其卷尾

按月樵名原長發之孫也已列前屆所送文苑第三冊中復錄送詩跋

以備采擇參攷

吳梅梁丈哀辭　見躬恥齋文鈔

道光丙申五月梅梁侍郎丈卒於位愴愴數月矣及其孫來將隸喪乃爲辭哀之曰嗚呼唯神禹之所宅兮梁有梅而亦靈閟蜕化以升青冥兮迹杳渺而難詢繄偉人之奇秀兮如斯梁之特邃幼作賦以驚人兮長甫字以名世方枌榆之零落兮賴時棟之獨隆鬱盤根之楨幹兮宜枝拄乎高穹帝度其材之信美兮遂畀致乎司空謂文定其有嗣音兮繄吾里之衆望迺神物之偶見兮每離奇而不惻當風雲之際會兮苦經營於昕夕施未竟而欻化兮遽形清而氣竭悵一去而不可制兮猶古梅之飛越緬生平之節概兮常峭厲而難近徧盡言之能受兮曾饜蒙之骨鯁

尤兩事之心識兮蓋一公而一私培桑土於蕺堂兮都下邑館丈始同朔之繼又屢躡清奉為歲修念儁才於棘闈今春在簾中自始事至揭曉屢與彥輔話及稷辰任復不置出自公心初不相私也計綢繆而孔厚兮憂優蹇而見遺感庇人之古誼兮佩知己之真辭跡雖遠而神合兮遇雖睽而心依懵梁木之頹斅兮恐摧頹而將壓談一席而莫繼兮初春召讌聞教永日竟成永訣魂千里其安接下無以慰其諸孤兮上無以慰其華髮仰太虛之悠悠兮空攀扶手荒翣攄悲憤以不能已兮儻雲中之潛洽

按侍郎名傑已錄前屆文苑第三卷復見哀辭錄備采擇

任作梅字苕夫會稽人著拙政齋稿二卷

章琢其曰苕夫行誼雅潔不求仕進所居在豐山濠水間園林幽僻築室藏書時與朋舊賦詩遣興雅志可羡緝雅堂詩話苕夫五言頗具奇思如有琴吾不獨無酒彼仍昏見月招山鬼看花眷水仙似非古人齒牙語以上兩浙輶軒續錄卷四十三

馬幼眉先生事畧

王繼香漚堂先生墓誌曰先生諱賡良字幼眉一字元雅漚堂其自號也少孤力學淹貫經史尤邃于詩嘗入粟爲國子監生一應鄉舉不售輒棄去晚乃視乾竺之學熟內典先生抱清粹之姿篤倫理務躬行教諸子有家法伯子簡章雋上好學後先生數年卒季子絅章家孫禊光均淵雅擅詩文子孫世其學焉嗚呼先生可以不恨矣先生生道光十五年正月二十一日卒光緒十五年正月十三日享年五十有五著有漚堂詩三卷漚堂遺稿五卷水窓詞一卷華嚴正誼十卷楞伽經考異一卷

馬絅章先府君行狀曰府君爲學無師承而靈悟絕人幼

嗜為詩與同里秦先生相倡和亂定集社其娛園所謂皋社者也世多知之事具先友記然府君好學喜兼綜觀書數行並下每治一術殫思索慮出之鉤棘悉化如聲音訓詁算術釋典一讀輒尋得其要領再則涣然矣人以此服之然早綴俗晚而衰未嘗畢力為之詩文特見重于世云

按馬君賡良事略已採入第一次所送文苑中今為之補述之如此

孝友

盧必陞　陶文鼎

嚴孝子　蔡華

章如棟　嚴嘉榮

章瀍　嚴翼

章鑑　陳顯瀾

章夢生　補 杜丙杰

章調元　施棻

王行元

陶慶瀛

王銘

盧必陞墓表　見國朝耆獻類徵二　蔡世遠撰

浙之東有盧孝子焉諱必陞字宋臣號玉茗世居姚江後遷山陰祖諱極生子五人長諱芳字南江孝子之本生父也次諱茂字懷江無子以孝子嗣焉孝子始生時祖母張太君病甚本生母朱孺人禱天自代是夕夢神並賜爾孫及覺而生孝子少時知孝敬有异敏嘗從學舍歸懷江公以新學屬對即聲應曰古君子懷江公大奇之九歲南江公病思得蟛蜞奚孝子潛携一筐採沙口為風潮所没得漁者救以竹筏筐終不釋手而蟛蜞滿貯甲申之難流賊未殄懷江公負俠气嘗仗劍獨行不知所往孝子聞即奔覓諸暨山中晝循林箐夜則崎嶇匍匐而行失道投僻路

伏屍枕藉驚跣疾奔兩足爲沙石所齧血縷縷漬地行跡皆赤遇一山僧憐之挾與俱遇虎匿高樹大呼山神救我虎竟去閲數月得奉父以歸壬子土寇窃發懷江公陷賊營孝子匍匐探其穴贖以金不應繞岸哭三晝夜不絶聲賊感動爲引至父前時賊首毛袁二人欲得懷江公降脅以刃不從斬所俘者以示又不從賊怒振刀環向刃欲下數次孝子冒刃叩頭流血大呼匄命忽狂風四起大雨如注舟幾覆凶黨震駭乃得釋時賊中有倪姓聞而歎曰真孝子也乘間逸之孝子既奉父生還逆知賊之必追已也即遣人馳報張太君盡室以行明旦賊果追之不及遂至九墩大索縱火而去懷江公既被重傷病日臻孝子亦改面

失音恐貽父憂雖嘔血弗以告日夜侍卧側以兩手幕（摹）患處懷江公歎曰人摹我痛痛在我身汝摹我痛痛在汝身其誠孝所感類如此先是孝子爲繼時懷江公有女忌分其貲百計傾之孝子處之泰然至是奉徐孺人命往雲間舟過石門盜擊之垂死盜曰爾死毋我讐我奉某命來也孝子佯死盜縛而投之水中遇富陽支姓者救之得免人或勸之訟於官孝子泣曰吾自出繼以來蒙吾母恩育十有餘年且母止此一女故不忍以女故傷母心上書徐孺人前自謝不謹被盜不及其他徐孺人亟名之歸母子相孝愛如初以康熙丙戌七月卒年七十有四配李氏以賢孝聞子四賢需次州同宏道主簿堅浙江開化訓導獻山

西平陽府照磨孫男幾人雍正二年浙江巡撫李公請旌於朝禮部上其議詔發帑金建坊入忠孝祠葬之日侍講吳門習君既誌而銘之漳浦蔡世遠表於其墓曰古之論仁孝者必歷之造次顛沛患難死生之交而純摯乃見西銘言仁孝之書也因舜而及申生伯奇推之至於無所逃而後仁體孝心膠結呈露孝子覓父於崎嶇險阻叢山密箐之中入賊巢脫父於鋒刃鼎鑊之下出萬死一生不顧可謂難矣追嗣父已沒女忌其分貲使賊之中道得不死嗣母徐氏未必深責其女也乃能致孝始終纖微無介其至志性尤有大過人者哉

書嚴孝子事　見國朝耆獻類徵二　沈元滄撰

山陰嚴某於康熙甲戌乙亥間挾貲入粤東轉客瓊州往來貿易於海北貲漸饒寄籍樂會置田園娶婦生二子歷三十載未嘗通音問於家方出門時有子纔三齡其婦教育婚娶得爲諸生授徒以給食一日其婦呼子而謂之曰汝父客外久我向不令汝往尋者以汝尚幼且無兄弟也今幸有孫矣天下豈有無父之人哉其子承命往廣州徧問於人或傳在高涼或傳在粤西於是由高州入嶺西無蹤跡復回廣州而資斧已竭念此行若不得父不惟不可爲人亦何以歸報母遂入海珠寺爲僧欲陰以訪父信主僧憐其孝許之一切文疏俱委焉雍正五年嚴某携貨由

海舶往省城遇大風濤禱於神而安到省酬神於海珠寺其子為書鄉貫姓名心頗訝之急問其客游歲月知即父也泣跪於地曰兒生三歲父遠行今三十年矣尋父兩載不獲流落為僧日夕禱祝今果得見吾父而某復詳問家中事皆合於是相抱大痛出五十金謝主僧而攜其子回寓售貨得千餘金皆歸山陰有知其事者為余言甚惓惜忘孝子之名夫孝子之感通於幽明古人尋親有行千萬里經數十年至於艱辛困踣而其心終不悔往往於無意中忽然相遇此蓋有鬼神默為之作合理固不爽也爰記之以示世之為人子者

孝行

監生章如棟字約文會稽人乾隆九年其父克昌患病甚劇時如棟年方十六早夕侍恙不離左右並割股肉和藥煎服病遂得瘳

監生章瀍字簡堂事嗣母王氏至孝嘗因王患危疾焚香籲天割股藥以進病得痊嘉慶二十五年王壽逾古稀而歿會遭回祿母柩在堂瀍急切呼救莫及獨自負櫬後園得免於災

章鑑字春治父早逝事母陳氏極孝嘗因母患病危篤鑑旁惶無計割臂療之當時人莫之知迨居喪食粥七日哭聲震戶外生平誠於祭祀簠簋牲醴必豐必潔

里中養祭之道咸為加隆以應試不利援例議叙布
經歷銜後胞姪桂慶官中書貤贈奉直大夫
章棻生係章有斐之子咸豐辛酉十月初五日粵匪竄擾
道墟有斐被賊砍傷頭顱昏暈倒地時棻生年甫弱
冠見而趨護哀求願以身代勿害其父賊揮刀轉刺
棻生竟以身殉鄉黨咸稱純孝同治三年題旌
章調元章和元均係章福茂之子年甫成丁平日事父至
孝福茂與堂弟福炎咸豐辛酉俱罹粵匪之難維時
調元兄弟見父叔被戕不勝痛憤竭力與賊格鬭亦
各被害身死四命同傾鄉里傷之

王體乾先生傳

薛炳撰

先生姓王氏名行元體乾其字也幼喪母事繼母有至性為人所難能事聞邑宰欲以孝子旌先生恐其事之彰也固辭嘉慶間以業釀起家京師稱王宏義是也公性嚴重儀表偉然年臻大耋强健如少壯親見五代曾玄男女百數十人道光朝舉鄉大賓撫部列奏聞恩榮五世同堂王氏世居蟶浦為宋鄉賢補齋先生後歷十二傳存德先生始遷禮港更越七世潛章先生乃闢邨後田畈為家宅宅某尋稀人稱為獨家邨再傳至先生始發族蔚成一邨名曰後港子孫或幕或官徙外省者亦數十家間有掇科第者以孫曾援例洊膺封典道光壬辰某月卒年九十有幾薛炳

曰吾越以醲著名於世如皋埠馬氏繼志堂吳融鍾氏湧金樓不一而足其始業者皆有異秉康强多壽然以孝行稱者惟先生先生幾世孫積文與炳善因爲述之如是

按匪君係五世同堂另列祥異

陶餘軒先生傳

薛炳撰

先生姓陶氏，諱慶瀛，字附青，行二十，餘軒其號也。自幼勤奮好學，而屈於小試。道光己酉，年二十有五，以兄命北上報捐監生，應順天鄉試，得堂備卷，不中，遂留京。閱二年，咸豐紀元辛酉（亥）恩科，再試，又堂備卷。明年壬子正科，三試，亦薦卷而終不獲雋，乃南歸。由是家居者十年，營建新屋以奉慈親，所謂新中書第是也。歲己卯，先生年已三十有一矣，始入會稽縣學為生員。及母卒，捐職附貢，試用訓導，以軍功保陞知縣，解運金陵營餉，經曾文正公保加直隸州知州銜，賞戴花（藍）翎，福建候補知縣，歷充廣東後瀝釐局督辦、湖北沙市鹽局，為鹹（鹺）務專辦委員者凡六年。同治壬申以疾卒於差次年四十有八先生事母孝以諸兄皆宦遊外省乙願在家侍養視聽無形母氏朱性喜酒而量不甚宏先生擇北棗之佳者沈浸之酣而脫其衣以為常供至蚤甲鍥傷而猶不肯假手於人慮不潔也其摯愛如是先生早年工制義既歌子矜（衿）循南陔則好吟詩晚出薄宦則又肆力於言事之文著有有味齋尺贖（牘）吉祥止止室詩鈔藏於家薛炳曰清室中興楚材是賴而創率之者實惟曾文正公公兄弟五人其四皆效用於國而守家養親則惟澄侯一人以故文正忠襄功業彪炳天下溫甫事恆亦以死事著稱而澄侯獨寂焉先生有兄三人慶章慶仍皆以才望見重一時慶永又以當塗典史殉難皖省鄉先生宗

侍御稷辰周太史星譽咸著文以傳之而先生特以庸行無所表見竊謂家國無二理忠孝無二行君子亦隨所處而自靖焉爾先生於炳之内子陶媪陳君為外祖父陳君又長育其家為炳言外家事甚悉大抵皆服勞奉養之常雖然先生晚年歷得優差而盖棺之日妻子衣食不給待舉火於其兄於以知先生雖為賈而仕固與今之以官局為市者殊也

[illegible]

王斐山先生墓表

稷辰少與同邑王斐山先生俱受知於學使者劉公鳳誥同歲入郡黌總其文章孝友為鄉里所重往還最密自稷辰侍親湘上音問遂疏咸豐癸丑歸主蕺社則先生久歸道山得交厥子英瀾深中篤行窃喜善人之有後許為先生志墓而稷辰再出山不果又十餘年罷歸始與英瀾聯姻亟英瀾請表其先塋是稷辰肩諸之諐也其曷敢緩按狀先生系本太原明季譜牒盡毀不得而詳世居攙頭邨為會稽人曾祖諱宏桐祖諱家祥潛德不耀父諱國泰始遷郡城敦本樂善不求仕進生二子先生其冢居也先生諱銘字斐山别署未岩生而穎異博學能文年十七入郡庠

旋食饑累應鄉舉落解蓋自淬厲每夜發篋攻書漏盡乃寢假不作食惟啜茗數甌而已久之經濕於藏府遂患痔庸醫誤砭之瀉血數斗乃大困先生體素癯至是轉豐偉卧疾三載竟不起悲哉先生至性過人居父喪哀戚中禮事母金尤孝館珠山日每夕燈籠歸省問所需必致以獻須臾還館夜讀風雨寒暑無間友愛弱弟連牀共被者三十年與其伯父國墉立家廟於墳頭邨并捐置祀田以竟先志洽於族鄰信於朋友一鄉之人薰德善良非所謂有道君子乎箸文稿若干卷手抄文史數十冊經丹黄者數百冊惜燬於兵燹其生在乾隆壬子年四月廿五日卒在道光己丑年五月十六日年僅三十有八配陶氏繼馮氏俱

前卒葬棲凫之亂山繼童氏後先生一歲卒合窆五雲門外
西阪先塋之側子一英瀾廪貢生官金華府訓導與叙得同
知銜候選知縣追　贈如其官晉朝議大夫妣皆為太恭人
女二長適姚少保啟聖之裔維垣以節孝　旌次適原任
山西潞安府知府凌漢孫五人長繼本郡庠生績學早世
婦孫絶粒殉烈　旌如例次繼香補行辛酉壬戌科舉人
次繼采幼殤次繼穀郡庠生次繼業女孫五人皆歸士族
幼者即字余子能尊者也予虖以先生經明行修不愧古
儒者宜特達為邦家光而乃壯年徂謝不獲稍展其蘊籍
悲夫然歐陽氏之言曰為善無不報而遲速有時吾卜其
貽恩來祺前煇後光將永永其無極矣同治六年六月姻

紹興縣采訪局箋

侍生宗稷辰表

紹興縣志資料

紀陶孝子

陶文鼎字卿田流寓廣東習申韓工章奏蔣果敏撫粵深敬禮之事親有至性有司以狀聞奉旨旌獎卒祀粵省孝弟祠子邰學字子政光緒甲午恩科進士内閣中書假回籍授徒養親光緒季年粵督岑以學行深粹尤精三禮特薦不起奉母以終人謂錫類之報也

陶文鼎字卿田會稽人著真意齋詩

緝雅堂詩話陶孝子性韻貞雅事母吳有至行光緒十四年有司請於朝旌之余嘗覽朱君啟連所撰行狀知其為人性好詩詩多不自存此尚非其至者嘗佐蔣果敏幕府欲薦其才以不樂仕宦辭之其雅尚如此以上見兩浙輶軒續錄卷

四十八

紹興縣採訪稿

蔡孝子傳 見周炳琦時習編

孝子姓蔡名華浙之會稽人幼喪父與母姊同居家故貧藉小貿易奉甘旨母性卞急子女少拂意輒重撻之姊不能忍曰再若是有死而已一日復撻孝子逃匿他所徧覓不得姊曰是必投井死耳何覓為母頗惶懼有悔意孝子逡巡出謝長跪良久乃已然母卒不能改孝子亦終竟無怨母年老一日病亟孝子籲天請代並刲臂和藥以進疾果瘳復十餘年而歿是時孝子已娶婦母病時偕侍左右不稍懈一日為母易衣孝子呼婦方飯未應孝子怒躬自任之母歿哀痛逾恆人其姊偶述母往事輒恚曰是尚足記憶耶蓋其孝之純篤事死如生有如此嗚呼是可傳矣

論曰孝子有姊嘗為余家嫗備述其事如右余每過其里
居未嘗不肅然起敬也孝子不讀書所行事往往與古人
暗合豈非孝之根於天性然哉叙孝子事滋余愧矣

先祖菊泉公事畧

嚴姓來稿

先祖諱嘉榮字菊泉籍浙江山陰縣人幼時言動不苟里中人器之責子者輒曰而何不效嚴某稍長高祖大昌府君親爲督課旋告曾祖雲臺府君曰吾家學有傳人矣年十九以第一人入郡庠是年曾祖母任太孺人病府君刲股和藥以進自是終身不袒臂家故貧訓蒙所入八口無饑養雲臺府君必有酒肉雲臺府君好施與亦無不給者年二十七舉於鄉三上計偕不得志其間館寧館皖館閩館京從遊恒數十人嗣以大挑二等授教職有力者皆遵例捐納儘先補用府君則俟命而已旋里設館城中之南埭凡二十載弟子必遵守規約親寫願書始得入教以文行

交修爲主通計先後及門共九百八十餘人越諺云山陰
惟有菊花香蓋指公與王花潭韓宛香兩先生而言府君
生平服膺程朱學而不自名至是又以三教同源喜談因
果凡一切慈善事皆力行之承先志亦啟後嗣也迨先祖
母孫太孺人生先父定夫府君先叔鏡河公而府君年四
十餘矣髮賊陷越城府君被虜十人就縛賊斬其六將及
府君忽令釋之府君乃請其餘三人以歸著有虎穴日記
藏於家嗣後行世之著大都因果書爲多賊平選授平湖
教諭閲十年升任嘉興教授又九年引疾假旋宦蹟詳平
湖縣志府君少患喀血證頗自攝衛老而愈要腳輕健耳
目聰明齒牙無一揺落年七十有三疾篤先父刲股祈於

神適夕卒時光緒辛巳九月二十五日也先是會稽宗侍
御稷辰與府君爲道義交稱至契侍御掌教蕺山府君爲
監院在京又同理山會邑館事後之人因於館内晞賢閣
下合供一粟主春秋祀之壽鶴供職京曹時常瞻拜焉
中華民國五年九月朔日長孫嚴壽鶴謹述

永樂大典卷

嚴定夫先生傳

公諱翼字翔伯號定夫浙江山陰縣人曾祖諱大昌副貢生以文名乾嘉間祖諱雲臺父諱嘉榮由舉人為學官平湖縣志有傳公性孝友資英敏父親課之九歲能文十二通五經大義十八入縣庠旋食餼與弟彌蜚聲鱣堂沈司訓器之稱二嚴焉後弟彌舉於鄉公秋試十一次乞薦不售以明經終家法故嚴公事事能得親心父遘疾三月躬侍湯藥無頃刻離洗滌穢溺與室韓孺人分任之弗假僕役手疾亟公刲股和藥進蓋因其曾祖與父皆以刲股祈親疾也愛弟甚摯飲饌出入必偕終其身不析產無一私財會稽獅子山有先塋焉一富宦子覬其吉掘墓後造葬

公與力爭以賄和拒之曰祖墓不保何以爲人乃訟於縣而府而司而院案遷延不決繼偵其移棺假厝率族人往遷之事未竟而邏守者㡔集勢洶洶如對仗公失足入水遇救回戒子弟曰我今冒罪爲此雖死不懊汝曹當繼起彼不遷勿休也時衛中丞以案重大飭縣澈究而邑之士紳知其誣陷者均出爲調人卒令遷葬以解之公之毅又如此嗣因爲親營壙數處多水壋徧相不得日夜憂勞成疾光緒乙未十一月二十二日卒距生於道光庚戌得年四十有六子三壽鶴舉人壽鳳庠生壽驁現爲河南警官

中華民國五年九月上澣世愚侄王積文敬撰

陳炳齋先生傳

薛炳

先生諱顯灝字炳齋山陰人幼入子錢家學商業成往上海清理貸貣勝任愉快遂留懋遷值咸豐末軍興孔亟傾廠贏以助振議敘用縣尉得選湖南新城司以父年高不願就遂絕意仕進安心於商既歸越為族人經董醬園數十年使園務蒸蒸日上累獲奇贏至今所隸謙豫二字商標為八邑之營業冠初先生父佐廷公習法家言遊山左歷數十年以寇亂告歸幕囊故不豐同治乙卯公以二子各完娶有孫向平願了將傳家出槖中金分授二子俾各專責成先生兄顯瑞以父分授之金捐職聽鼓江寧不得意久之光緒紀元歲次乙亥始署太湖巡檢將赴任未至而

卒當是時兄有四子二女少子且為遺腹田僅餬口無餘金佐廷公既悲且憂夙有目疾至是真喪明先生跪進曰大人毋然兄弟同氣兄之遺累皃願身任之父痛稍稍解而目光終不復動輒需人先生不假手僮僕凡所欲惡卒先意得之凡十五年如一日也父體性熱喜飲梨汁時越市稚梨至者佈先生恒以高價郵致上海購歸數十年未嘗或缺父壽至八十而卒先生年五十有六矣猶為孺子啼弔者感服先生之治家也恒懷第五伯魚之警凡教養兄子及女恐不如己出用意周摯至二十餘年無倦容男有室女有家男且有續娶者先生乃呼兄子而示以簿記曰汝曹今皆能自立吾可藉手以告先兄矣凡為汝曹

婚嫁諸事用若干金吾非敢以矜德色欲汝曹知吾苦心焉倘吾子孫有追言者吾今且親書清券與汝憑吾老矣嗣後汝曹當好自爲之孝悌勤儉乃吾家心法慎毋忘時光緒庚子某月也閱八年以光緒戊申九月十有六日卒年七十有五子三長早殤次壽嵩三均字坤生紹興府學廪貢生與炳善同邑薛炳曰國民道德以有責任心爲最要新學後生動稱國家主義世界主義而以家族主義爲陜陋不足道實則高心空腹無經驗無實事乃逸乃諺作大言以欺人耳易曰智小而謀大力小而任重鮮不及矣書曰孝乎惟孝説者以爲美大孝之詞又曰友于兄弟施于有政今先生闤逖市廛未嘗假儒書以自墆而人謀則忠

事親則孝大有造於光家壯既疏財濟餉晚更熱心公益雖其去世在預備立憲以前未見共和制度而論其人格事事負責任事事有成效豈非國民模範哉

施棻字伯陸係施山長子隨父湖北幕中孝友出於天性光緒辛巳山在襄陽道幕痰喘舊疾增劇棻晝夜侍奉隨姑於子夜拜斗誦經虔禱乞以身代旣無效復刲臂肉和藥以進血淋漓而其父卒不起正哀號時忽急報至其祖燦卒於蒲圻丞署復赴蒲奔喪往返數千里奉兩柩偕其姑搬回會稽安葬事畢恐母倚閭望後之表棻素有喘疾加以道途風霜匍匐哀毀病遂益劇年二十一卒　來稿

永樂大典卷

皇贈四品銜内閣中書加四級候補訓導杜君墓表

先執杜尺莊徵君有同母弟菊生君生與同學同居相約沒必同穴君先卒徵君葬於蘭渚蔡塢虛其壙左以自待後三十四年徵君疾革遺令葬必如前約稷長心欽之迫既銘徵君之墓君之孫寶爵始以外甥之文請誼毋辭也乃為之表曰君元名灝更曰杰後更諱丙杰字鷹卿其生在九月故號菊生杜氏自祁國正獻公以來居山陰至君二十八世君曾祖考祖考考皆潛德早逝兩世祖妣以節烈旌考妣皆以義行膺褒録君生有夙慧童時能誦釋氏書事親敬長如成人及長居喪力行古禮三年不懈母病久煩辱之役不假僕婢由天性然也於學善悟與兄弟齊名

其入學君第一季藏陽君第二學師吳縣師相雅重之乃仲與季同升春官而君五試四薦終不遇以廩貢就校官遂無意仕進奮然紹先志與仲若季擴前邨宗人千畝義田周恤備至條章多出君手愛敬伯仲兩兄求醫嘗藥不少懈仲病劇幾不起潛為疏籲神減己年益兄且刲臂和藥進而愈人無知者沒後徵君於遺篋見疏詞稿為大慟謂昔者弟能活兄而兄不能活弟也君卒於嘉慶丁丑十二月八日年僅三十有五所著書惟會稽掇英集拾遺二十卷劄記一卷知聖教齋書目提要八卷生平多厚德濟生送死如不及遇佃傭皆寬恤人多稱之初喪哭者滿閭寶爵後以道光丁酉拔貢署新城教諭捐升內閣中書議

叙勛公勞加四品銜進四級乞贈君至通奉大夫配陶爲夫人陶夫人後君二十二年而卒以治家教子稱於家側室周李周前卒李以節聞孫四人恩通恩廉恩瑞恩康長老能趨塾矣惟君醇德篤行忘其身以救同氣之急難中年不禄而其澤孔長子孫之寖大謂非天理之可信哉咸豐三年秋九月宗稷辰表

按杜君丙杰前次已送列文苑三今觀宗先生所撰墓表似可改列孝友因補送此篇以備採擇

紹興縣採訪稿

義行

阮景雲　魯毓麟

陳恕之　徐樹蘭

傅曾源　茅立仁

孫　翁　胡道南

吳夢桂

陶　辰

張　淳

章毓麟

章　炘

章　瑞

阮公魯庵行述

府君姓阮氏諱景雲字魯庵號霞軒系出宋初忠靖公後自十世祖叔繩公始遷會稽嘯唫越十四傳至曾祖考坦齋公生祖考月坡公諱惟中生子一即府君也宗傳單弱自曾祖考以來三葉相承不絕如綫而吾府君又以弱冠遽攖先大父逝世之變終鮮兄弟孤苦伶仃先大母往往撫膺欲絕府君含淚慰之曰母無憂願勉承先志以安侍奉也維時家不逮中人產遂棄儒業鹺累十年而家計稍裕歲甲辰值先大母六十壽辰舉行慶祝湔事之前夕燧人失警付之一炬垣廬黔赭曾不卓錐先大母號慟無已府君每婉容愉色以解益奮力嗣前志以冀博先大母歡

甫十年而悉復故有踵而恢之闢基址廣儲蓄凡茲堂構之聿新以及不孝等授室成丁安衣足食皆君府君憔悴經營歷困苦而亨屯以得撫而有也當府君締造時先大母猶稱矍鑠每憶得失轉移之境皆親經于府君一身未嘗不喜動顔色而府君亦竊幸慈侍之康強俟届七旬祝嘏之期庶幾娛高年而彌前此之缺憾無何先大母遽卒府君痛不欲生賷志及今歷四十暨母氏五十兩次壽誕槩不聽家人稱祝且又訓示將來謂適以貽先人之痛也則吾府君之孝思何不匱耶府君輕財好施尤加意于敦本厚族自高曾而降祀產未立者府君悉手定之曾叔祖衡玉公暨端玉公相繼乏祀別設祀產以奉春秋蓋所以

莫不備舉又所置有燈田重報賽也佈施田厚困窮也復慨然為贍族計而艱于貲載諸筆記俟生息五年而告厥成糾親族監其事命不孝各書券焉曰非此無以成予志也不孝謹誌之不敢忘吾鄉濵于海塘為潮汐衝決日就傾圮沿堤侵削且致殃及之虞闔鄉以為患府君毅然為首倡具呈于官時邑侯余公名暨者深歎為義舉遂發帑鳩工費以億計府君立助金數百工始竣次年秋水驟汎溢不盈堪者僅尺許使非府君經營于先保無吾鄉之為澤國乎逾數年府君復增築其要津處堤益固迄今沿海稱晏然蓋不獨鄉邑之利也里之東埵舊有海會寺古刹莊嚴為志乘光乾隆五十五年淪於海壖府君憫古址之

就湮爲改建于古渚顏爲海甯續置寺産以贍僧衆劇衆力成之稱煥然焉歲甲寅闔邑大祲鄉民流食者群聚而譁府君首倡散給之議設倉于社命里長董之計口授糧以漑族人比户賴以安凡若此者種種義舉固非不孝所能殫述也數年以來頗信星平深以災及爲慮且屢困徵兆非吉怦怦于心語人輙不自諱事有未了者每豫籌之歲仲春亟爲諸孫議婚一切後事丁寧以爲戒意府君豫知災及之不免懼不孝之不克負荷因不憚諄囑以爲善後計耶不孝每一念及即痛心泣血控訴無從非府君之慮遠謀深不孝其猶蠢然罔覺耳府君生平廣交遊敦氣誼然諾不苟而又賦性溫和與人無忤鄉愚有憤爭者婉

導解紛衆咸服其論推情姻黨無間疏戚以故賓舊謦歡倒屣無虛日既寢疾支持酬應不以為勞不孝等猶謂富強之年冀獲無恙且以府君之德若此亦宜天假之年以終為善之行孰料積勞所致厥疾罔瘳氣體既虧痰喘繼作不及浹旬遽棄不孝等而溘逝嗚呼何見背之速耶時嘉慶癸亥年三月初十日卯時距生于乾隆丙子年三月十四日戌時享年四十有八配沃氏安人生不孝五人友蘭友蓮友棠友枚友桐女四長及次皆適配餘未字孫六傳鋏傳鏞傳鑑傳鏜友蘭出傳釗友蓮出傳鈺友棠出孫女三長已字餘俱幼不孝幼而失學背棄庭訓枕塊寢苫言無倫次恐府君嘉言懿行日就湮沒謹畧次其梗概伏冀大

人先生賜覽之下錫以鉅筆用垂不朽幸甚旹

嘉慶八年四月朔孫子友蘭稽顙謹述

年家姻愚弟邱庭漋頓首填諱

節録縣示

特授浙江紹興府會稽縣正堂許為給示勒石事據候選

知府阮亦昂前任湖北襄陽縣知縣阮克峻等呈稱竊

職等住居治下小金村職父景雲因念族中鰥孤寡孤獨

貧苦無依每致失所願捐贍族公田壹百六十畝零凡本

族十二房鰥寡孤獨貧苦無依不能力食者定額八十名

歲給口糧以資養贍又捐贍宗公田四十畝零本房加額

二十名以別親遠之誼職父在捐置未齊旋即去世諭令

職等陸續置備以成夙願職等遵奉遺命茲已陸續置齊將細號畝分開單呈請存案給示曉諭以憑勒石等情據此除開單付莊註册外合行出示曉諭云云

道光十八年閏四月　日給

阮文達公贈序

余撫浙三年而知浙人士之好義也浙溯江而上郡縣多山夏秋雨少不足則為災守土者救以荒政其鄉人亦往往捐粟以助之余撫浙之明年諸暨旱紳士請捐賑而儒童吳大槐署白金三千余每與幕中友言之輒嘖嘖嘆其難任君右林因為余言其姻家亦有好義者少孤貧負奇氣能急人難中年習治生始稍饒裕居平慕范文正之為人然不欲居義名乃託自祭田始已漸置田以贍其五服

之親又漸大置田以贍其疎遠之族人又漸以其餘田周乞丐掩胔骼行之累年費萬金矣而志未倦也嘻人偶激於義慨輸千金或二三千金已非鄙鄙者所能而此君者好行其德若飢之嗜食渴之嗜飲輕萬金之產以求一心之安其志既行而以之追遠則誠以之事神則歆近宗無嘑號之聲遠族無顛連之狀野無暴露之骨鄉無道殣之人而猶孳孳勉勉未有艾期非義之根於心者能之乎夫通都大邑富家巨族如此君者不少也使皆祖其意而行之則風必厚俗必醇雖有水旱疾疫之災可以無恐而且上紓天子之憂下分有司之責善孰有大於此者余行且表其閭而旌之任君曰某姻家之為此也非以沽名也某

之以此聞於公也非有所受之也公其無煩雖然余守土
大吏也聞郡邑之人有行義者不啻其助余為政焉且浙
人士之好義也余既於諸曁吳生信之安知後此者不慕
此君之義而相與以成此美也爰書於册以待後之聞風
而起者任君會稽人其姻家與余同姓名景雲字魯庵亦
會稽人時
嘉慶八年歲在癸亥仲春之月儀徵阮元謹序

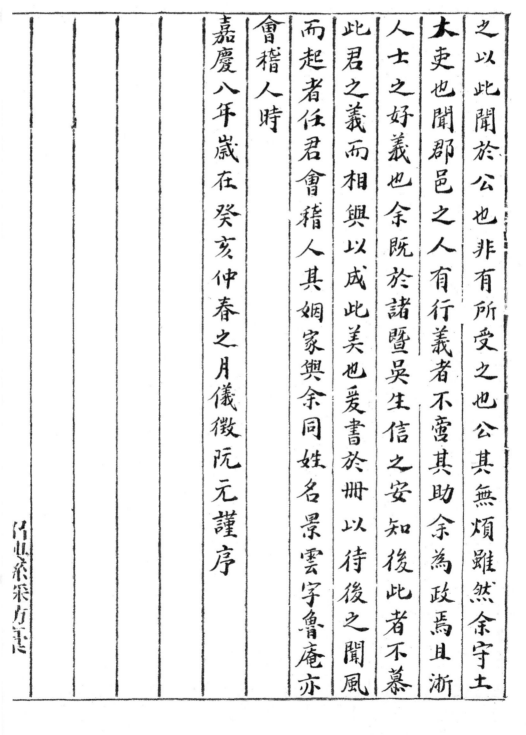

紹興縣志資料

陳恕之字學寬傳

公寬宏簡重敦崇行誼年三十餘喪偶子女俱幼或進續膠之說公曰夫婦敵體也婦當守志夫獨不當守義耶矧後妻賢否未可知萬一悍戾子女將罹其毒予寧自撫育卒不娶獨居三十年以嚴父兼慈母道光壬午及見子登賢書且抱孫矣次女守貞不字效北宮嬰兒子以養親終其身歟歟孝義萃于一門宜乎和氣致祥方興未艾也

見山陰下方橋陳氏宗譜

紹興縣求言稿

傳星泉封翁曾源會稽人性純孝幼失怙恃鞠於王母累世仕宦至是中落雖貧甚孝養盡禮尤好濟人急嘗於歲暮赴偁塘村索逋得五十金以歸途遇少婦抱子坐橋梁哭甚哀詰之則曰夫負里豪錢四十緡歲逼以應議以妾償抵妾去此呱呱者失乳亦不活計不如同赴清流耳封翁惻然即傾囊與之亦不告以姓氏歸家無以卒歲宴如也其樂善好施類如此後橐筆遊燕趙卒無所遇旋歿京邸年僅中壽而子瘦石刺史士奎孫艾臣明府以綏寄籍順天先後登賢書司民牧刺史官河南山東二十餘年擢牧德州所至有神君之稱其長子靜川明府以凝任山東陵縣次子即艾臣明府歷宰湖南安仁攸縣季子節子太

守以禮官福建同知游升郡守静川明府之子擢以縣丞需次河南今亦遷知縣此外仕雜職補博士弟子員者尚夥皆封翁孫曾輩也傅氏之方興未艾人皆謂封翁積德所貽云見梁辰棨勸戒近錄

會稽諸生孫翁家貧好善所交多寒士藉館穀為生者翁但考其品學兼優不肯悞人子弟則必為之多方延引廣為介紹藉翁之力而仰事俯育有賴者不少每歲秋冬之交往來汲汲不憚辛勞咸豐戊午其子念祖捷南宮以第二人入詞林此皆無力而能好善不倦故食報尤厚也見梁茶辰勸戒近錄

[illegible]

吳丈丹木哀辭　見躬恥齋文鈔

續辰自童試時與配五兄弟遊始拜見其尊人丹木翁（名夢椿）時先子自燕歸因與翁訂交投分通財誼最親厚先子將之官約翁遊楚後屢書趣迎翁以道遠年高難其行竟不復相見及辛巳歲先子喪還力不能備禮告戚友獨翁聞之潸哭于殯所焚楮幣去續辰是秋窮鄉舉見翁泣謝翁且喜且悲謂幸故人之有後也明年續辰南下蘄為祖父營葬苦無尺寸地謀諸翁翁曰余舊置木柵鄉山中地數區子盍往擇之苟可用以安吾友與吾友之親願致贈也續辰謹相銅槃山南麓地數弓以為請翁即作券割地以畀乃獲卜葬葬之前凡營壙穿穴窆棺之事皆翁任之微翁

之力我先人其能安于茲土手比時數月之間績辰朝夕詣翁見所為皆力行善事如修橋梁治道路每傾貲為倡吾鄉同善局施䘏之所推翁總其要而其自奉布衣糲食節嗇清苦幾人所不能堪益知翁之德博義周愛人忘己隨處充暨至不忘死友始終不渝特其一節耳矣五六年來績辰日思奉母東歸依先人塋墓乃使栖栖羈旅每念翁之厚施猶無以報未嘗不感歎欷歔也翁体素清健績辰前見時已七旬猶能卻杖安步登山巔指畫形勢喜其為耄期之徵嗣遇鄉人輒訊翁起居方冀慭遺老成庇我小子他日猶可侍凡席追從鉤遊不意遽傳翁下世之耗受施如績辰愴痛其有極耶翁名夢桂字丹木以道光七

年二月二十一日卒年七十有五葬木栅鄉北隴上距先人墓里許續辰不能執綍荷碑供役墓次惟有爲文以寫我悲其辭曰嗚呼我先人之早逝兮幸執友之後凋割吉壤以見遺兮憫宿草之蕭蕭宜茂德其永年兮胡遽昇手煙霄兩山鬱以相望兮萃死生之故交知神明之密邇兮睽幽宅以逍遥悵小子之負德而爲稱兮不禁瞻故山而悲號

紹興縣志采訪稿

會稽陶堰村邑庠生陶補雲先生諱辰生平濟困扶危好行其德在村中設立義塾培植寒微其善行更僕難數最足異者道光己丑暮春為幼子納采攜百金夜舟入城道出皋步村已二更矣遥聞村婦哭聲遂命榜人泊舟登岸獨行勿令僕隨至村尾茅舍數椽乃哭泣之處即而聽之莫解其故遂推門入見貧婦攜一稚子相對而泣旁有屍横陳大駭異急詢之婦曰良人素習君平業既鮮親族又無弟昆僅遺四齡弱息前日忽病逝無以為棺衾計隣家婦遽為作媒力勸鬻其身以殮夫明日將徃矣陶聞之不勝歎息因傾囊金儘數予之曰此款為爾夫殮葬外餘貲尚可養贍勿再嫁也婦率子跪謝問姓名不以告其舟中

僕久待滋疑往覓之潛至戶外耳其事爰登舟命返棹僕以其主舍已從人心竊異之而不敢言次日即春明禮闈揭曉時也越數日得泥金報其次子廉生太守諱澐成進士翔步木天一時里巷傳聞咸信果報不爽云見梁辰下卷上

勸戒近錄

按陶補雲家傳已於第一批采訪冊內編入此軼事傳內亦附及茲就勸戒錄所載再行補錄

張澄齋哀辭見躬恥齋文鈔

古者鄉舉六行任恤居二太宰九兩之繫師儒宗主以外賴有以任得民之友焉周公所以厚本俗也後世遊俠承其遺風而浸過之由上不舉任恤故耳今天下捐己財爲國家救災紓患難者封畺之臣得上聞而奬之以爵其優者至爲大夫實周公遺意也吾同里友張子澄齋家積豐厚顧好學如寒素恬澹不求榮利奉母夫人隱於金陵之陶谷藹將老矣忽有夷估入江之變金陵戒嚴兵民無食澄齋慨然發所藏粟三千石傾家財七萬有奇悉以供軍稍振民飢城完寇退退然不言功大府上其義行於朝有詔録用之爲郡守後寵之異數弁加雀翬以其習知

江左民情許留補其地澄齋雖越人其官金陵如晝錦然也其叙勞也與凡就事例計功利而得仕者迴殊視周禮固猶鄉物之興也以愛民如澄齋使之守郡必能豈弟慈良貽福黎庶撫瘡痍而起尫瘵牧長之得民當有大於友之任者方深爲吴人望之詎意天不佑此善人徒令需次歲餘不及攝符綰綬少曆施其所藴抱遽於乙巳秋深一病謝世嗚呼天豈不欲拯民之生乎胡爲舉卹民者而奪之也其數然歟其稟於天者不長歟其諸江左之民當困於有司而蒼蒼者不能違歟故吾聞澄齋之喪不獨哀澄齋而慨然有慨於世憂夫理之不足恃而命之不可測也澄齋至孝母畏熱夏日輒還版輿山中其病時值母八十

壽尚強起拜跪對客終日不敢怠然卒不能留其身以永所事是尤可哀也已明年春澄齋從弟瀚以同知鳳潁假歸書此俾告諸其靈且以勵其後嗣毋隳乃父之義行澄齋名淳浙之山陰人卒時年五十有一道光二十六年二月

按張澄齋傳第一次采訪冊已編入義行門茲將哀辭補送以備攷證

義行

章毓麟號星石以錢穀游幕江蘇當道爭相羅致嘗客陛任藩司林文忠公則徐幕中生平疏財仗義歷年所積修脯捐置田五十一畝零歲入租息以為閤族義學塾師修膳之資由是族內貧寒子弟咸得從師讀書自興辦學堂以來現改設初級小學兩所

章炘號炎甫少孤年弱冠因家道中落遂棄書赴保定讀律既脫穎為當道器重歷佐直隷院司各幕三十餘年存心仁恕每定爰書必反覆詳慎務使情真罪當

章氏義田創自江南大河同知章應奎炘以族屬漸繁慮歲久不敷以所積館穀捐置田十畝有奇歲收

祖息專為增置義田之需名曰存餘其族弟元爔號午亭除導父如槐遺命捐田十三畝零撥入義由外同時另捐田十六畝零以祀創捐義田有功宗祠諸人名曰附祀有續捐者聽祀父祖由是族內有力之家聞風興起今有義田幾及千畝

惠不少咸推二人擴充之力云

章瑞號稼軒席父祖遺業治以勤儉家益饒裕生平端重樸厚性好施與親族有急難告者無不量力資助道光季年海水泛溢民田廬舍被淹呼庚者雲起瑞首出資籌粟計口賑卹鄉里忘災族舊有義田以惠鰥寡孤貧復捐腴田十畝以增益之又另捐田十畝以為

宗祠歲修之費山十畝用作族内義塚嘗有志籌增義學及本支高曾以下義田以遭咸豐辛酉髮匪之變次年即故未及舉行其長子相雲仰體先志捐舊有樓房兩重以作義塾次子庠生昺全亦捐田二十餘畝以為高曾以下義田名曰文瑞賑卹以其曾祖號文師也節章鏡清所撰行狀

求言

誥授奉直大夫候選州同知魯月峰公傳　闕水利

公姓魯諱毓麟字嵩堂號月峰行四清揚公次子為宋參政簡肅公三十世孫西甫遷地始祖文節公十九世孫也性孝友好讀書精詩古文詞善堪輿嫻醫理長於經濟懷才不遇以諸生終循例捐貢復報捐州同知加五品銜賞戴花翎與兄茗笠公合爨二十餘年怡怡無間言迨子姓漸繁始議分居以歷年所置產遜讓不已乃歸入高曾祖父四代作為祀田補篡家譜自一世至二十世有西甫舊譜可稽僅載本支之同父兄弟二十世輯公始遷龍王塘以下備載各支痕然成帙為宗祠倫五房派焉從此率子姪詣祠展拜歲時春秋祭必至咸豐癸丑越大水太守徐公榮綬公樟飭督建蒿壩曹娥龍王塘等處捍海石塘三百餘丈

太守韓公培乾復飭督修修海塘四十餘里東至曹娥西至賀盤又增修屠家埠團灶塘同治乙丑越又大水太守高公貢齡李公壽榛飭重修會邑東塘並疏濬南滙宣港淤沙兼辦江閘事宜光緒乙亥丙子三江應宿閘歴年障塞山會蕭田廬屢遭淹没大憲憂之計無所出禮部侍郎杜公聯方致仕為公受業師也詢公治法公曰若畚挶從事歲費萬金無效焉須借水刷沙使水長流而沙不積則得矣夫大閘地勢低窪為三邑水宣洩之區自夏徂秋蓄河水以灌田閘閉不得不閉而閘外潮汐一日兩汛挾勢而來徐徐而退閉數月泥沙高積閘港遂如坦途迨秋雨連旬啟閘則水無可洩於是為患查應宿閘去海二十餘里洩水由東入宣港北折入海勢甚迂也閘外天漲沙塗不毛之地萬頃地勢較低迤北成熟地以十萬畝計地形反高西北塘内數十村

舊有童家搭旁閘出水永不蔽塞以去海近也鑒此可於閘外漲地開溝瀦二丈深一丈自北至南長五里引姚家埠閘洩之水並成熟地十萬畝雨集之水使合并就下入瀝逆沖閘門轉折而入閘江如是則閘門雖閉外有清水長流淤沙不積此一勞永逸法也某無其位不敢膺此任吾師為之某當相助為理杜公慨然任之公董其役兩閱月而竣名曰清水瀝當時鄉民不解其故謂患在閘港而濬於陸地且東西遥隔如風馬牛之不相及曾何益乎然而從此暢流邑無水患非深明水利不及此是時山陰令楊公恩澍賢宰也謂鑑湖沃壤膏腴既有三江洩水以防淹不可無進水以救旱於明萬曆間太守湯公紹恩曾於蒿壩建清水閘繼應宿閘告成之後故址猶存已易為橋外築石塘包江不通久之論勢則居上游外

江上接新嵊山水一雨即至即有海潮逆流而上鹹水不能停留可以濟旱無害於禾以清水命名非無故也詳請上憲允准建復第今昔滄桑已改自應因地制宜太守暨會上邑令會勘商於公公相地於白鶴灣之麓倚山搆基外通清泉浦内接馬王溇因勢利導工省而費不繁於是延公督建已涓吉矣未幾楊公陞任遠去羣小蜚語沸騰遂請寢堪輿家言斯閘如可成也匪特有裨於水利而且有益於文風人才輩出可翹足而待閘三十年而有鍾厚堂觀察出馬鍾公致仕歸煦仁孑義所不屑為有可為桑梓之鄉興大利而垂久遠者雖巨費勿辭其執友以茲事告於是履勘形勢購公所遺規制及繪圖貼説禀請大府允准毅然行之經始於光緒戊戌越三載告成爾時海氛不靖各海口防堵孔亟上憲以鍾公知兵有寗

波統軍之役未獲兼顧閘工司事所爲未見實事求是
善後事宜尚未籌及而鍾公遽歸道山然被利普奏
效捷潮來則閉潮退則開源遠流長旱乾無慮三
江應宿閘淤塞無憂又何所謂鹹水爲累哉癸卯浙江
鄉試山會蕭三邑獲雋者六十餘人聯捷亦復不少
會元會魁出其中從來科第之盛未有如此者似堪與家人
才輩出之言亦非無稽二百里士大夫以及巷里小民莫不頌鍾
公之德勿衰然閘基未能鞏固其西首傍山一洞時有滲漏久則
愈甚無繼其後者修葺之久晴之候不免鹹水入焉當斯時也
邑商建白米堰綠廠恐鹹水礙於繅絲蒙稟當道圈築土塘
閉之噫創者非常之人不料敗壞於一二市儈之手三邑無福

以享無窮之利也夫復何言斯皆公沒後之事也顧公當日不能大效而冀小成屠家埠園灶地一千餘百畝灶塘圍於外海塘亘於內外高內低一遇陰雨水無由洩鄉民困甚焉為請於官按畝捐輸太守飭縣場水利同知復勘准於海塘守字號建復霪洞捐資不足益己資數百金自是十餘村利賴之公處己謙而待人甚厚排難解紛不辭勞瘁里黨閒數十年無訟累晚年於中墅之南搆精舍十餘楹曰湖西小築為後人讀書之所時復吟嘯其間年六十九無疾而終配章宜人子二長子肇祁光緒庚寅恩貢次子肇瑛既娶而亡女一適郡城光緒丙子舉人壽丹墀孫四孫女四 錄魯氏家傳

徐仲凡先生傳　　薛炳

先生姓徐氏，名樹蘭，字仲凡，晚號檢盦，舊紹興府治人。先世居治南之栖凫村，世業儒，至祖天駟公而貧益甚。公有妹適同城張氏，張世商於粵，獲利無算。公命諸子學賈於張，而先生父雲泉公尤敏練，善商戰，贏得過當。咸豐季年，粵匪擾及浙，大吏向越中籌餉，地方官紳取盈於商。時徐胡兩姓皆新秦闤闠，捐不時應則拘之署，科督推命，故雲泉公與胡君碩菴皆以科第望子，思籍以護家。先生時已入學為增廣生員，益奮勵於學。同治戊辰，雲泉公卒，先生哀毀如禮。先是祖母王太夫人卒，遺命必擇善地毋渴葬，至是筮簽相地者數年。歲癸酉，葬祖母於山陰之芳泉，明年母馬太夫人六十生辰先生奉觴上壽母勉之曰男兒志在四方汝欲仕及吾未衰圖之久滯鄉里非計翌年乙亥光緒改元先生承命入都捐職兵曹丙子留應順天鄉試中式舉人丁丑會試報罷捐職郎中時碩菴二子亦皆以舉人留京頗事聲伎之好先生守身如玉供職之外焚香讀書而已歲乙酉改官知府以事南旋大吏廬江劉公才先生留籌海防軍餉遂不赴謁選既而母病先生衣不解帶者月餘及母愈復元再入都則輪選已後期自是頓年謁選屢以母舊疾增劇而歸戊子以後遂不復出其在家也擔任地方公益不辭勞瘁如築捍海塘建西湖閘創設豫倉前後籌賑近自本省遠至燕豫秦晉至數十萬金

以及設救疫局置贍族田建清節堂以卹嫠婦集相驗資以清訟累皆有案牘可徵生平尤留意三江口水利嘗著引清刷淤議其畧曰三江閘内之水自山陰會稽蕭山滙錢清陡亹出閘者為西江閘外之水自新昌嵊縣入曹娥江以繞閘者為東江二江合流由東北出口滙錢塘下游然後入海二江之間沙地漫衍謂之西滙嘴東嚵嘴咸豐初年二嘴寖長江水之東趨者日徙而西至同治五年夏旱閘大淤於是當事者議鑿宣港宣港在閘外東北五里南接曹娥江北臨海口中間沙地五六里無居人時王補帆中丞凱泰陳臬兩浙奉檄勘辦遂鑿其地為港徑三千餘丈又開橫瀆一道導閘水入港與東江滙流淤遂通

衆皆稱慶而不知閘之受病自此益深蓋閘水初由丁家堰出口折而北又折而東兩岸沙嘴紆曲曲能拒潮來緩而退有力緩則挾沙少有力則刷沙速又有東江受剡溪之水繞閘門而西流足以淘洗梗澁故非大旱不能淤即淤亦畚鍤可通不致束手自宣港開閘水改道而東港之兩岸初不過六七丈已而潮汐刷齧相距至千餘百丈怒潮長驅席捲直抵閘門退則塗泥如膠如餳深淖没骭久乃積為平陸人力無所庸當時杜蓮衢少宗伯聯就閘西沙地鑿深漊五六里曰清水漊並開通舊時攔潮壩引沙地之水入漊以刷閘道之淤法甚善也無如漊水力薄所補甚微光緒十五年吾越大水籌賑總局用楙蘭議傭飢民

以修八邑水利竊謂三江刷淤之計庶幾可圖無如局撥賑欵有限僅得因沙河壩故址建刷沙小閘所補仍微然則刷淤之計奈何曰莫若濬白洋川使上受山西閘之水下輸於清水澥其利有三清水澥距山西閘二十里沿塘沙地五六千頃曰直河曰夾沼曰丈五村曰黨山曰梅林總名之曰白洋川其地勢外隆而內窪常苦澇今若因其溝澮而深廣之俾節節流通則水有所歸而澇可無慮是化斥鹵為膏腴也利一山西閘歲久湮廢外水內灌若修復之使泄水入白洋川則可殺蕭山上流之勢而去內灌之弊是分銷為捍注也利二山西白洋水既流通而清水澥出口之處無堤埂閘堰以拒潮而東水則仍不可恃必

於巡司嶺之足建閘堰霪洞於瀝口築堤與乾字沙地大埂相接庶山西白洋之水可因時鍾泄而收刷沙之全力是一勞而永逸也利三議上官廳難其事而止晚年見國勢危弱以興學育才為當務之急戊申夏至上海入農學會歸即議設中西學堂於郡城以教八邑士捐千金為開辦費命次子爾穀邀同豫材閬仙兩何君及炳條議其事明年丁酉開校以炳任經學國文時風氣未開群以異端視學堂先生辨之曰吾輩所講在西學非西教也其鉅紳嘗以肩輿延讌美教士甘惠德於其家炳與豫才又皆與英教士華立熙素相稔先生戒之曰愚民入教皆下等社會耳若士大夫一與作緣將使外人益長聲價有害風紀

必不可閱二年戊戌蔡君寉廎自北京歸先生歡迎之使主任學務明年改名紹興府學堂炳初以昌言廢時文罷書院使造士之權一出於學堂深為鄉先生所忿嫉因避去及歲庚子先生與蔡君交邀炳至則學風大異於前蔡君潛創革命議炳諍之曰革命之義出於易孔子贊之曰湯武革命順乎天而應乎人今君非桀紂民皆安堵國安家之弱為外人所競耳以若所言是逆非順是感非應蔡君又創自由情欲之說炳惡其欲同人道於禽獸復避去先生與蔡君强留炳且定權限分職守至暑假而罷明年學堂改歸官辦先生所墊四千餘金不得償金復出己貲捐辦古越藏書樓延慈谿馮夢香孝廉一梅編纂書目又至崑山

新陽購地開荒以興農業皆麤具規模未竟其緒而卒時
光緒壬寅五月初十日也享年六十有五子四元釗字吉
孫爾較字顯民嗣龍字誼臣維烈字無競誼臣無競今已
卒吉孫工詩顯民以貨謀食於北京云薛炳曰先君素事
典業於剡溪以粵匪之亂歸越寇退雲泉公設典於嵊招
先君經理先君以炳幼稚不願遠出薦友自代及光緒壬
午先生復設典於黃澤其地即先君舊主故址堅邀理董
遂往爲之建築主持典務閱三年而卒時先生在京函告
丈理聲欵以百金卹其孤炳謂君子不家於喪辭不受先
生謂朱丈曰永泉先生有後矣永泉者先君之字也自是
先生頗殊視炳屢聞士於炳因言馮君水臣馮君仲賢潘

君少華周君惟仁袁君少仙徐君伯遜賢先生皆禮下之
或延為幼子師炳與先生言時有獻替先生不以為忤一
日先生從容言官場腐敗炳曰先生以最不愛之子不督
責讀書而為之報捐入仕仕途安得不腐敗先生怫然既
而霽顏曰君言是也烏呼今安得復有是人哉民國五年
夏七月朔日薛炳撰

光緒甲申秋越郡文昌壇移設於卧龍山之陰沈文溪董厥成其姻茅孟淵孝廉立仁首倡捐資五十元茅素儉樸人見其慷慨遂相率赴捐且多踵其數者本年乙酉鄉試茅以作輟日久羣嗤其老赴廣寒致姮娥問以三十年前所讀何書意中止然二公子均當入闈必有送考之行遂同二子入棘門比出闈人有索觀場作者茅曰吾向自謂生平文字可恃兹觀小兒輩諸作已勝予安論他人倉卒回紹携次子赴餘杭收租放榜日謂次子曰汝兄弟文頗佳餘杭僻處鄉間汝等即獲雋從何得知子曷赴城探諸乎次子去片刻疾趨[illegible]茅問曰若何次子跪賀曰父中第三名舉人矣茅笑曰二十餘歲人尚如許兒戲設吾無鎮

静功幾茂被汝誑矣次子固言非誣茅終不信逾時家中人
至始知其真時茅已五十也人咸謂其首倡損貲見義必
為有天佑云見梁辰下上卷勸戒近錄

胡君鍾生傳

薛炳撰

君名道南字鍾生姓胡氏浙江山陰人幼頴異年十六為諸生越十年試高等食廩餼又二年己丑恩科以亞魁舉於鄉七試（應）禮部試不第大挑二等以教職用復赴揀選以知縣分省序補君澹於榮利一攝長興縣學教諭而已君性孝友父諱祖望治家甚嚴夙有肝疾晚歲益甚君視聽無形所好為之紹述所惡弗使有聞用得減少痛苦帶病延年殆將一星周甲考終無稍缺憾皆君侍養之力非尋常醫藥所能為功也事母務得懽心待弟尤徵至性家產故不豐惟所居村有鹽舍為沈胡兩姓共有之世業粵匪後日益淩替經君父理董十年而利益始復父沒析業（產）君

弟歆羨此業意欲全得父分君悉行讓與以饜其意未嘗稍形詞色戚族咸歎為難能輕(其)輕身外之物而重手足也如是羣從繁多君交歡其賢者而維持其不孝(肖)者包荒牖廸務竭懇誠雖未盡化惰為勤由奢入儉而因以去太去甚者亦復不少焉其為學十歲以前四子五經悉業(已)卒業年十二習制藝既為諸生益勤舉業年二十三始稍稍博覽治詞章於南北朝文若有偏嗜越二年假館桐江所主為楊佩瑗先生名某某陽湖人古文專家也以駢儷託體不高勸君毋域於此君遂致力於散文越二年膺鄉薦與蔡君寉巵為同年因以識余當是時蔡君治公羊春秋余治毛氏(詩)鄭氏詩三禮皆兼治兼(說)文小學旁及子詩(史)君遂留

心於漢學甲午而後君感憤國恥則又求通於西學日手一編孳孳不倦其任事粹然舍權利而盡義務歲丁酉君興童子亦韓設經世報於杭州余以病廢養疴湖上時或入城輒留宿君館因見君晝則校勘文稾酬應賓客夜則稽核計簿答覆書函幾無片刻之暇嗣以風氣未開銷數不廣折閱頗巨童君頗形懊爽君則曰茲事本非營業從容結束齊斧既罄則子貸以償無稍悔吝既而蔡君主辦紹興中西學堂君任監督以門房為監學室日治事其中稽察學生出入而不支俸給及明為道女校校長經費無着窘迫萬狀貸交有助之者雖瑣瑣亦頓首以謝而不屑一呼將伯於富人其籌辦張漊曙光及管墅啟林兩校亦

卒如是總理山會禁烟局任事兩載越中黑籍幾為之空全浙比較成績以紹興為最由君之任勞怨也居恒當誦程子之言曰一苟存心於利物心人必有所濟顧亭林之言曰保天下者匹夫之賤與有責焉以此自勉亦以此勉人也已秋徐君伯蓀創辦大通學堂稟請槍枝若干以備兵式體操之用原有限制且無子彈乃始謀不慎不逞之徒多竄焉明年丙午羣推俞君覲夫為監督俞名戴祐會稽人與君為鄉榜同年且係同志俞既入堂頗欲取締整頓而力有未能暑假一届即决然辭去校中以嵊人姚某為監督潛購槍械日益多聲勢外溢當是時越中舊紳以府縣學堂士子好持清議有礙其依官營私之權利也呼

朋引類聚於湯公祠名曰公益社日夜蠅營狗苟思借大通一校以推翻全越學界君為紹興學務公所議員與姚某熟商弭變之計姚以為減削彼黨勢力也遽起反對欲以手槍從事幸越士多韙君得以無恙明年丁未秋女士參加其間危機益釀愛好秋者勸其脫離則以為越城在其掌握也驕恣益甚適五月杪省中獲匪訊鞫辭連大通學堂教員大吏電詢至越越守貴福詢君君以實對大通案結越人藉以安堵而禍機獨伏於君身越三年庚戌辛丑君為嵊匪所刺卒於郡城清查官產事務所年四十有九薛炳曰今有一女子馳馬酗酒夜則多引健兒自侍將以為傷風敗俗之妖人乎抑以為移風易俗之佳人乎今

則抹殺不言而務為之緣飾夫革命者志士仁人憫國之將亡種之將滅上說下教思以喚醒睡獅同禦外侮其志慮何等忠純其規為何等宥密而豈疾貧之憾士與豪暴之戮民所得假借而雜廁也哉秋氏之初歸也君徒見其能文思表章以諷越女之不學故於中學堂外課即以讀秋女士詩書後命題君嘗自謂於徐伯蓀服其刻苦耐勞而惜其無知人之明余於君亦云雖然癸丑暑假余自上虞歸越越城譌言日至官遥於省垣縣議會會長逃於鄉共和進步黨閧其無人惟門者在非徐樂堯至則越民皆共進會之魚肉耳余是以思君悁悁不止也

介節

章宗瀛

胡薇元

章宗瀛會稽人乾隆乙未進士官翰林院編修性耿介時相和珅招之不屈三十餘年不遷官

胡薇元先生家傳 見授經室文定

胡先生名薇元字孝博號詩舲別號玉津居士先世籍山陰明進士光祿寺卿贈都御史謚忠襄諱文靜者其先世祖也雍正間副貢舉乾隆鴻博科充三禮館纂修稱燕許大手筆再薦經明行修諱天游者其叔高祖也祖鈺薦中書父壽昌終蓬州牧皆績文行屣富貴先生孝恭明敏早博群書貫順天籍登光緒丁丑進士出為廣西天河令改四川西昌游歷首劇調涪州牧所至民迎慈父士奉嚴師故蜀諸邑其桐鄉也亂後歸焉其由蜀之陝也用陝撫薦入都召對稱旨尋知興安府未幾遷鳳翔同州擢京兆一歲而徧歷三輔古無是也循聲滿關中大吏咸推以此座辛亥秋萑蒲

潛㛹先生數言於當事未旋踵而變起亂黨入署爲陳逆
順弗聽舉室欲投甃井不得遂亂兵脅以刃先生引甄濟
之頸不爲動衆捨之去先生方籌撥亂之方忌者擁入咸
寧獄百端恫嚇先生但求速死焉耳彼黨感其義又經所
治紳民以賢守乞貰拘二十日竟放歸其始難也自知不
免作絶命詞寓賡恩曰傲霜殘菊已離披急雹狂飈更折
之九死寸心將盡日三秋病葉欲黃時重陽纔届先陵感
大厦何人　主持一掬寒泉吾葬所他年疇樹表忠碑綴
云彼數見呼據大義卻之又附書末云吾大他日當爲撰
墓銘也尋從獄中出和少陵北征詩後幅云突傳招軍馬
提騎來清旦臨危仍坦然授命弗多辭刃光已著頸怒又

付拘攣魂驚獄吏尊目蔽閻室眩白壁圍六尺青天覘一
綫索居誦簡編素位行患難父老聞我窘陳設政治善實
惠罕及民聞之增慙赧斯民三代直迂肅亦致感早擬喪
黃泉翻歎死誠盱註云興郡士紳柳應亢（以等）衆保此詩
並青玉案詞幾類信國正氣歌等作賡恩和之人比之汪
元量云亂稍定賡恩返舊鐵先生不得北歸復亦懊儂曲
悲哉歌直類騷經天問矣此豈直先生之才之文之（乃）其天
懷鎮定獨能一險夷忘死生若此彼訾謷之者其氣象相
去何如哉越歲先生潛歸蜀居前賢百梅亭舊宅自稱百
梅亭長時時郵書於賡恩且錄其門人輩所擬墓銘以睞
而屬以家傳以賡恩欲踐舊約故也賡恩恩先生之文章

著作流傳於世久矣其在蜀在秦之政教兩行省人皆能道之惟西安大節所在如南唐龔顥之獄於譙縱金劉德基之拘於夏人卓然可傳於後賡恩蓋親見之先生向稱賡恩之文曰潔筆之於傳庶不以爲辱存之生前所以勵終始保寒歲也抑又有感焉乃祖副憲忠襄公以政教始以節終者也稚威先生以文名天下而剛直自愛未嘗挾一刺於公卿亦以節終者也先生仰蒙家學又如此此豈非成於天而不可少變也歟甯河高賡恩謹

辛亥九月朔與陝西都督張鳳翔書
翔初都督執事午自諮議局還署即聞執事與衆復漢繼
武昌獨立兩次遣人具述雅意欲僕出共事聞命皇迫竊
以僕守土官也城亡與亡古有明訓以故同城皆去而僕
獨守旅署門軍中礮仆地臥將軍巡撫學法巡警勸業各
署皆焚藩署以庫在未焚而府署獨三次舉大爲人阻止
以僕素愛民今尚在署故也執事不以僕爲不賢故招之
第二次馬隊來署逼從不應縱礮轟擊窓壁穿透舉室伏
避而僕挺身當之求正命以終又不幸未死幕僚泣勸而
僕終不肯奔命如歸以荅盛意者蓋義有所不可刀鋸斧
鉞不足畏也僕年六十有二矣老朽無能何知新政况乎

數世仕宦位雖弗尊及二千石名即未顯亦前進士浮屠三宿桑下尚戀戀有意故土意殆乃一朝除革即棄故主若弁髦曾閭黎之不若哉執事憤姦邪之亂政懼種族之淪亡舉義復漢僕亦漢人也寧敢自外然條政治改革非種族改革不宜誅戮滿蒙回族焚掠市廛村舍求閔中士夫賢者用之至寓公之賢者如前太常卿高賡恩前甘肅藩司何福堃年高有德宜加保護若僕者即因之殺之使得光明就臥不蒙詬於當世毋多殺吾民則感荷之至一言已決敢盡布腹心不獲效命無任懃皇

先生八月聞武昌事外間風謠日甚商當事請防營入衛當事主鎮靜事變亦被拘留半載明年正月釋出此

書去後張都督心敬先生恐為衆見匿之至十一日忌者以先生係在任道員與候補道張守正程崇信饒獻珪秘密會議招軍買馬惑亂軍心執之三君入獄獨先生赴執刑處審判問宗旨若何先生以朔日即與都督書宗旨已明何問為衆始知有此書張不得已出書衆見怒甚忌者某某慫恿速殺曰此人不殺終須礙手劊手跪請升天先生含笑起回顧懃次日來領尸行至半途士紳楊開甲柳應元劉文藻等力言先生民望不可殺令從緩折付咸寧獄勸說再三卒不從九月杪興安人士力請乃出獄　受業魏偉懃謹注

隱逸

孫文

李孫乾

孫文傳

孫文石者名文號水月會稽諸生也棄家居武林之艮山門外植梅數本因名所以居曰梅園好為長短歌答問者常娓娓不倦不則終日無一言人有所與不受年九十髮落而衣冠從古又亡其姓氏第云水月人以釋子稱之則文石笑曰我固牛馬任渠呼耳見者矖之未之奇也頃之瀋陽范中丞承謨開府浙東西其太夫人謂之曰汝祖昔游吴越遇水月老人預言汝當撫茲土且相周旋此奇士也不可失中丞因物色知之屏騶從謁見禮甚恭文石自居前輩行不稍屈中丞為築石徑於其門外曰百步堂刻石誌記由是人稍異之未幾西溪患虎中丞就問之文石曰

山上大蟲任人除患門内大蟲耳范問何謂不答中丞晋闥浙督臨發言別文石曰耽邊大發時當有主張也范亦不解訝之闥中耽藩作逆中丞不屈死好事者推其義謂門内蟲闥也耽邊大耽也一時人皆奇文石能前知争求謁文石復避去不知所終自文石去後釋氏居梅園曰水月庵肖像奉之葬其衣冠於居後

贊曰徐方虎聞見録載文石遺事持據所撰述蓋釋子流翟灝云非也彼據傳聞之詞耳余居去梅園近故老及見者猶能道之得其實嗟乎當變故之際違離家室使世不測其異哉第況淪其身復詭遇於制府豈彼自負其才欲有所用其未發情不自抑聊以自見也歟

章陶撰

漁父李孫乾先生傳 潘鉞甫來稿 山陰李庭撰

漁之爲業至賤也然漁父之傳世者甚夥何哉蓋其取給也廉與世無爭有道之士恒樂託跡以自晦而狎山水蕩煙波唱夕陽釣素月足以寄情而肆志故其中又多騷人墨客焉其傳也易宜矣若夫生長水鄉捕魚爲業胸無卷軸老死茅檐求其制行矯然有士君子風則千載不一覯矣異哉余所見之漁父也漁父姓李名孫乾浙之山陰人余族之大父行也大父涵齋公戲呼之曰神仙日棹一艇攜一竿一網以出晚則載酒而歸乃烹魚煖酒箕踞而酣飲醉則狂歌笑舞以爲常入其室破衾以外無長物焉有時醉

臥或數日不起或夜闌罷釣植竿大江中繫艇而臥風雨倏至波興浪湧艇泛泛然勢將汩沒而漁父熟眠自若也其賣魚也值出其口不酬二人或與較則攜魚徑去再呼之惡聲發矣然其值恒廉於他漁賄魚者咸樂就之咸豐辛酉寇擾越城漁父所居之村曰界樹在城北不五里寇時出擾村人多避去漁父獨留有寡婦奔之曰我以亂喪偶請偶子我能以針灸療人疾子即不漁無憂衣食也漁父曰子以我為齷齪男子仰給婦人者耶且我好色我娶久矣奚待子之奔為刺舟去釣於江不之顧寇退寡婦適里人某與漁父隔岸居君就醫於婦者門如市其夫漿酒霍肉夏被葛

冬擁衾為婦黠醫籌焉漁父未嘗有羨色及其老而衰也風雪之晨不能出漁饔飧時不繼饋以粟勿却亦勿謝招之飲則掀髯笑貌古入畫望而知其業為漁一日色不懌余詢其故曰日燠風和我技癢矣顧舟破奈何為之易舟則大喜自是得魚必以分余與之值不受曰子惠我者多區區者豈足償哉余曰盍以易酒曰已沽矣蓋飲必醉醉必歌猶昔焉以光緒癸卯冬卒年七十有□余為葬於村之西原表曰清故漁父孫乾李先生之墓

頑道人曰古來隱於漁者德如太公節如嚴光風流如張志和尚矣而說者猶謂其釣名若漁父者并不

知名字作何狀乃綜其生平不茍於男女取與之間者

如此豈無所得於中而能然哉方其盛年漁釣所入

足以畜妻子顧放於酒甘以鰥終又似不近人情者吾

無以測之矣先大父目之爲神仙其有見於漁父歟

第二次採輯

循吏
武功
方技
仙釋
祠祀
寺觀
陵墓
學堂
地方自治

循吏

駱復旦　徐豐
何鼎　宗霈
俞鳳章　凌榮
周宗義諸晉　許紹宗
李祖望　宋燾
倪廷模　裘安邦
陳寶　章炳然
陳鶴年　陳慶徠
葉文麟　孫椿
徐聯奎　施照

錢德承
屠福謙
任滕
紫照
陶師文
張雪筠
補
朱光旭
沈蘡清

駱復旦墓誌銘

君駱姓諱復旦字叔夜山陰人義烏駱賓王後也九歲能文里師疑其偽面試之題曰因不失其親君開比謂論交者不爭百而爭百言答比則又謂論交者不爭百年而仍爭一日時大奇之順治四年府縣牒諸生不肎赴督學試者君名在牒中出試取第一會明年南郊禮成奉太祖高皇帝配祀覃恩敕府縣各拔貢一名督學以君應辛卯廷試取上上卷授推官君遽官不受甲午新例改知縣乙未赴都世祖章皇帝復命試身言書判且分冊縣為上中下凡兩事入一等者授大縣君四事俱一等上悅引見太和殿賜茶賜宴賜服立授陝西三原縣知縣三原本繁劇而

君以安靜治之貧苦不取民一錢日與薦紳諸生為文字交講道論德而諸務畢理直指嘉其能薦第一令兼攝涇陽藍田諸縣當是時君有太夫人孀居生君甫五月而孤寢茶茹蘗若干年思以藉升斗稍裕晨夕而其食貧者如故也君每入長跽斂悚伺太夫人意太夫人意安之嘗曰有子為清白吏足矣以故君在署與家居時無以异會三原有奪水利者君峻却其賂不聽奪而巡撫反之謂曰奪之之是並奪縣印覆帖後巡按以聞上乃逮撫並及君部讞坐撫罷與君無涉然終以君受脅故革職先是君被逮三原民遮留不得爭進米肉奉養太夫人於署而涇陽藍田佐之至是君還將奉太夫人南歸而太夫人以病死太守

胡君倡同官治裝各捐俸而三原涇陽藍田三縣民設鉅於五達任寡多投錢合三百兩以餉君君取三之一為輂櫝具就道而三縣民復負戴牽引送君出潼關返康熙二年君服闋太宰孫君疏君冤清遠君官政府初難之既而察君果無罪議復職補江西崇仁縣知縣君至招群盜散之務與民休息一切詞訟不為理獨募修城郭葺復縣治堂並官廨書院與邑之亭障橋道有關繫者巡撫董君薦第一值撫州新知府至議增解餉費每兩五分先置酒壽諸邑諸邑唯唯惟君持不可中酒出遂以逋賦臨君獄八月己酉遇恩詔赦免獨其所逋賦出君獄三日責令償君自顧無一錢請再入獄而民爭輸金五日報完當是時民以

赦君故相慶各貫酒飲沽每升增值錢一文人謂之駱公酒云十七年上開制科副使許君以君薦巡撫已第疏將入奏而君力辭之越七年卒君生而俊挺儀狀卓犖目光如流星每顧盼輒閃閃動左右語言歷落善辯縱譚古今事聽者辟易每讌會遇見君至軒軒如會稽王來爭避席蹴踖當犖牢愁闃寂時與君對輒如十百人充閭氣頓熱儼儼然所謂一人隱數人者顧性伉爽喜友朋少讀李膺郭泰傳即慕效自喜越中當順治初年好為文社每會集八縣合百餘年鐘鼓絲竹君必領袖進退人物人物亦聽其進退不之難嘗同會稽姜承烈徐允定蕭山毛甡赴十郡大社連舟數百艘集於嘉興之南湖太倉吳偉業長州宋

德宜實歟吳縣沈世奕彭瓏尤侗華亭徐致遠吳江計東
宜興黄永鄒祇謨無錫顧宸崑山徐乾學嘉興朱茂晭彝
尊嘉善曹爾堪德清章金牧金范杭州陸州陸圻爭於稠
人中見叔夜既得叔夜則環而拜之越三月乃歃血定交
去配倪氏封孺人婉娩相助為理方君知崇仁縣時有老舉
人逋賦鬻其孫以償孺人聞之惻然請出己釵鈿代償其
逋暨君罹於理孺人慮不測則太夫人苦節將終不得聞
急遣僕徧告君執友並門生之已任者揭之兩大中丞范
公特疏題請奉俞旨給銀建坊其中申請反駁諸費皆孺
人貸親友償之君不知也生平好佛自奉儉茹素節積所
有餘行施捨事至於君結客門外屨滿則太夫人與孺人

皆能莝薦截髮以成之可謂賢已君生於天啟壬戌卒於
康熙乙丑享年六十四孺人少君一歲而先君死生於癸
亥卒於庚申享年五十八男二長彥驤邑廩生娶詹事府
少詹事禮部右侍郎仰趙丁公孫女戶部主事伯弦公女
次彥驄國子生娶庚子科舉人候選知縣予御公壬女女
一適湖廣湘陰縣知縣栩巖史公子國子生璣皆孺人出
孫男一士漎彥驄出君長於詩文所著有溪山別業詩集
山雨樓集駱叔夜詩集其詩朗雋落筆有才氣博大而卓
犖越中為詩者未有及也初予與君同被薦而予獨赴京
聞孺人之死馳弔之既而君以遊山東便道來京予與之
盤桓且賦詩送之暨予請急即歸而君已死越二年二子

驤驄將合葬君與孺人於故阡之傍，來請銘，予何忍不銘。

銘曰：

以君之才，得主知而不為世知；以君之治兩見之劇邑，而不能竟其施。君之性情，在朋友而交遊結納徧於海涯；君之學問，偶形之文字而謳吟詠嘆為之而不盡其詞。所可恃者，涇河之碣、灞滻之石與汝水之碑，雖復琴臺寂寂，其合祔者猶得曰民之父母於斯唱隨。誰謂廉吏可為也，而不可為。　毛奇齡撰

何鼎字晴山原籍山陰入籍湖南靖州康熙丙午舉人銓授河南長葛縣知縣有惠政民爲立祠在縣城東門外藥王廟西歷任户部山西司主事江西司員外郎兵部武選司郎中江南安慶府浙江嘉興府知府崇祀河南名宦祠事蹟載河南通志嘉興士民留葬於嘉興城外三塔灣之南龍淵寺即茶禪寺後著有香草詩香草詞若干卷 録峽山何氏譜

紹興縣志議案

俞鳳章墓誌銘

毛奇齡撰

山陰兩俞君工文章，謂易庵與余庵也。易庵以儀曹郎死於官，而余庵入成均，殫志舉子業，歷癸卯、丙午、壬子三科屢薦不售。會八旗教習員缺，余庵乃上書謂舊制充教習員惟恩科、拔、歲貢(副)四行，而今已俱停，請得以官蔭准例補四行選。獲旨授鑲黃旗教習。旂學規嚴鈐而厚誨之，遴錄筆帖式夥於他旗。大司成陳君、小司成宋君咸異之，荐為能將以正印官用，部議狃成格不許。值朝廷守(狩)募(幕)北沿邊，上書，上特為慰勞，敕所部議叙出常格外。當是時，天下聞君風采者相望冀一見，至有傳簡牘(致)慕思者。酒間各聚語，得悉其事以為快。予嘗與戴山駱明府游，明府君姊子也屬予作一詩寄之暨予官京師而君以都運分司山東聞其初至有司例金錢爲前官所格君直白御史臺曰分司有規例猶州縣有火耗也州縣無火耗無以養廉分司無規例則無以絶貪夫當此月進不給歲薪日減之時而獨有一人焉斷火耗黜規例挈母妻子女嬪賓朋奴客及閭中幕下之效才者而相率爲撣爲蚯蟥能乎夫知其不能而猶斤斤焉惟規例是黜此非不情也詐也夫詐則何不可爲夫詐則必求之於恆格之外而其爲規例不可問矣夫詐則何可以受國事臺使善其言許復其舊例之半而其言亦稍稍傳都下乃予請急歸而君已先期首故邱將葬矣君之子於予歸也造廬手君狀涕洟請曰歲之首冬謀

筮兆於山陰封溪之鳳凰山乞誌之按狀君世以（从）剡遷累（絡）
以詩書嬗其家大父兩谿公生並（六子）籍庠而君父以成均聲
於時生子三次即君也君生而警敏七歲就學善誦聞塾
師講黃童事歸而溫衾思效之十歲能文下筆越尺幅十
二歲以女兄出嫁隨行揖讓禮旋折中規矩觀者嘆去閒
因母瘍訪醫不得療發黃素以下書精研之遂洞見幕理
幾以醫為世名又因相地得素烏法祕之既長修髯偉幹
言論慷慨凡事朒縮不能決君數言決之任天下疆（疆）界不
即絀者見即沮落生平尚氣重然信且諳於時事利害當
前無所顧變故猝來隨事捷給即親戚交遊有所干請無
不令滿願去無（以）故人人稱之初仕任河東運判河東鹽地

綿亘百餘里鹽盜來者以千數莫能攖其鋒君命斮數輩伏要害盜至縱之去第邀其最後者數人執訊之悉得羣盜名於是始籍捕無或遺者然故從末減翻覆慰諭令自新而羣盜之感激爭爲良民運城地屬安邑而門者縣隸也民間婦姑偶誶詬無暇訴長史門者立馳報木板到門者需求之縛其雞豚而傾其所蓄之餅與罌民不曰便君語安邑令使立從去曰安邑自有城運城自有官何至煩貴役爲既而議裁河東鈌康熙十九年改補山東其所轄六場延袤廣每場舊有隸催趲名坐差而巡緝例按季換牌凡一牌繳費如干以爲常君既除坐差而復革巡緝之繳費者每獲大夥私販則依律科斷其以一二十斤易米

薪者概釋之鹽艚自蒲官抵雒關相銜不絕君但於邑地設一人守之立串票注引鹽數目一存查一給艚司使雒關按票驗行而鹽政大治乃以復攝河東事蒲會蒲臺歲災縣令催科過嚴急民有竄者令取其族屬不分男女老稚悉縶之獄獄滿分縶之門堠民既以飢餓而縲絏之後繼以扑掠死者道相望君捐金代輸而以酷虐責蒲臺令蒲臺令懟謝是年以卓異贈其父如君官母張繼母董皆晉贈安人無何以他事歸君嘗痛其曾大母苦節未旌已格於例乃於初任河東時請之裕親王手書節孝貞操二扁額以旌其門至是歸改祖宅為家廟而建坊以填之且念其母董安人家無嗣曾於其故里立莊名蕭莊置田如

千爲董氏祀產而未竟其業因於其歸時重至蕭莊將恢
擴田畝作祀產而溽暑馳驟遂得疾以逝哀哉君諱鳳章
字九儀别字余庵嘗顔其堂曰未能曰吾於斯道有未能
也生於天啟乙丑十月六日卒於康熙丙寅四月四日年
六十有二由鑲黄旗官學教習歷任河東都運陝西分司
山東都運膠萊分司運判加一級敕授儒林郎配王氏封
安人子二長雲溥附學監生娶王氏次雲沛附學生娶章
氏繼娶朱氏皆望族朱即山陰相公曾孫女也女四孫五
君博極羣書而工於詩所著有余庵集行於世乃系以銘
其詞曰　惟自命士入關棄繻况同東方慨然上書宜其
判事環前沮洳開軒衡論折漢大夫乃溯丕績劉之碔砆

輕貲重信斯民所無況兼孝友閥與德符嘗痛大母苦節孕孤以故稚髮能蚊戴烏歸為母祀亡於奔馳惟此苕溪山銜鳳咮孝思不匱乃生雛兩堂雖未能庵則在余伊墳然者先生之廬見國朝耆獻類徵之二

紹興縣志采訪稿

周宗義諸晉傳

周宗義字宜菴浙江山陰人康熙閒知商邱縣平易近民廉靜不擾凡修繕城垣增築隄路運送山陝軍供皆捐貲身任不問里甲邑南有古河歲久湮廢值饑宗義申請濬河隂以寓賑二月告成活饑民以萬計在任十三年四署鄰縣咸有德政歿於商邱民留其衣冠葬之蔡家道口時

諸晉字瞻宸江南清浦進士知夏邑縣覺民訓士輿論翕然適漕糧改本色晉不忍累民出己貲千餘金選丁赴衛糴交民甚感之為立生祠又振興文教皆學博李瀚張柱月課季考親定甲乙邑士咸知鼓舞科第聯翩甲於中州論者謂自晉倡之卒之日旅囊蕭然士民斂錢以歸並請

祀名宦　查岐昌撰

李祖望傳　絳縣志　名宦

李祖望字渭夫號丹巖廣西恭城人康熙壬辰欽賜進士雍正元年任邑事為政清廉明於察事吏胥無所用其奸治獄尤平恕甫下車謁聖見宮墻傾圮首創修之復條學規以課士文風蒸蒸日上請大吏奏改中學為大學得旨俞允士人至今頌之又重修八蜡廟建造先農壇廟敦農課桑為百姓謀生計勤勤懇懇始終不倦在任九年百廢俱舉雍正九年陞京秩卸任後寓興國寺得疾而逝民懷其德即於寺之東廂立主祀之私謚曰忠惠

立祠碑文　碑在國興寺正門内階上

陞任邑候李公諱祖望字渭夫粵西恭城人也秉性剛方

賦姿清介粹理本諸濂洛不愧科名鴻文直逼漢唐無慚
藝苑學成時切報主德立因而澤民其宰絳也勸農課桑
百室皆慶盈止明倫興教萬户盡被絃歌仁風善政罄竹
難名所以歷任九載士風丕振民俗淳良允矣甘棠之遺
蹤誠哉四知之雅操幸而京秩榮遷方思入　覲以對命
誰知玉樓遽召竟來箕尾而歸天如喪考妣百里咸聞號
泣之聲請入宦祠萬姓同深愛戴之念乃君門萬里非一
朝一夕所能通合邑士民豈忍召父杜母之或湮爰擇在
城西寺東廊數行(楹)設立神座請入木主四時祭享而　公
之令嗣長君因邑人之有是役也復出貲二十二兩同三
街士民付本寺住僧買田二畝零以爲香火祭祀之資異

日當事君子能臚列我　公之治績入告聖明列之名宦則祀典之隆世世勿替又寧止我鄉人私相愛慕已哉然今日之舉雖出自下情之推戴實由於直道之至公誠恐久而漫弛也因勒諸貞珉以誌不忘云　合邑士民同立石

政績

增廣學額絳縣向係中學取進十二名雍正二年公陳請改大學取進十五名按縣志有記

重脩學宮雍正二年按有碑記入縣志

先農壇廟雍正四年建造

八蜡廟雍正三年重脩

劉將軍廟雍正三年建造

節孝祠 雍正五年奉 旨建

李氏世居山陰縣界樹村清初該族十世祖庠先公為廣西蒼城令引退後三藩變起隱於蒼城之白洋村事平貧不得歸庠先公生先都司兆瑚公生祖望公遂寄籍蒼城登進士第宰絳縣生四子命長次兩子仍歸山陰奉先祀而祖望公柩亦歸葬於界樹村

倪廷模墓誌銘

袁枚撰

君倪姓名廷模字常培別字春巖為山陰倪文貞之後遷居杭州昆仲五人君其季也生而聰敏嶷嶷不凡髫年入泮乙卯舉人庚辰進士補安徽潛山令調桐城遷宿州牧因公落職起復補直隸保安州牧又因公落職起復補皖江懷寧令權知六安州又因公降調補黟縣令再署桐城膺卓薦實授江防同知署潁州太守滁州牧委署湖北黃梅事路染疾歸遂不起年六十有四君少時美秀性通脫不受拘閡嘗學小冠杜子夏搖蕉扇簪花游冶方領短步者動相訾謷君夷然不以為意及作吏精廉強力桴鼓不鳴人驚以為不可測嘗言理民如理髮也亂髮不除好髮

難整孔明為政路無辭人故其治所言為主潛山武舉萬年青虎而冠者也君到一大創之地以寧謚桐城災一時無賴者藉荒為民糾衆刦奪君知天寧莊梅能哲為首擒其父子當街杖殺之羣黨解散所到處利必興弊必除潛邑無城君曰城以衛民無城則姦宄出入自如且地形若釜雨久外水灌入民遊釜底矣請於大府領帑興工烈日中親執朴以行築者効成而水患除滁州向例銀鞘過境地保糾錢助費君不可曰銀鞘來往不絕地保歛民民何以堪即發官錢馱送下站餘差盡革宿州辦公蠹役強拉民車輿錢則免君乃通計各鄉車數若干編列字號挨次輪直出示曉民當直者自行赴官承應民踴躍稱便民尤

長於治獄桐城義津橋有盜案回參將屈君比捕嚴捕從章標賄賊其冒充君疑之略究詰知其寃登時縱之胥吏皆失色幕友尤君君曰吾寧受處分不忍以民命為兒戲亡何他案群盜互相投首而此案遂於明英山僧廣明姦杜其兒婦值杜撞見遂擊殺之而反誣其兒逆倫縣令不察獄已具矣君為平反合郡歡呼君槃槃有才而宦塗乖午英山一獄天子嘉其能得正兇特旨召見正在請咨而忽奉部文降調最後受知於孫補山相公許薦知府薦草成而補山入閣旋為有力者所奪屢起屢蹭嶔嵜歷落如其為人若暗中有齮齕之者君雖作達如故而中懷鬱紆年力亦从此衰矣君亦貧初試春官賣屋以行而慷慨好施揮

金帛如棄涕唾肩任前官虧次兼助其歸不一而足桐城
飢捐俸倡賑所活數萬人其他歌塲酒所亂擲纏頭亦復
豪宕自喜以故歷官数十年家徒壁立幸而所莅之地臨
去時民皆具餱餔捆載以從嘗入都留眷奉太夫人僑寓
宿州家無旨蓄私心憂之比其返也跪膝下問安太夫人
扶起笑曰兒去後不料此閒童叟供給較兒菽水之奉尤
覺豐盈此皆兒平日作好官之效也兒他日其始終如一
哉乾隆二十九年聖主南巡尹文端公辦攝山供張委君
與商人汪楷亭曹學賓委員魏廷會莊經畬朱龍鑑等董
率其事山光水色中輪流置酒招余宿留說鬼評羹漏盡
不休嗚呼才三十年前事耳今文端公薨薨諸貴零落殆

盡幸存者惟余及君君又溘然先去而余年亦七十有九則則歐陽修所謂賢豪不嘗聚而交游之盛為難再其信然耶恐山靈有知亦當泣下君善談笑能詩隨園詩話中所采甚多著坰蟲偹覽一書尚未付梓妻魏氏再娶余氏無子繼兄子本仁為嗣舉丁酉孝廉孫三人以其年某月某日葬某銘曰　漢有朱邑葬於桐鄉君能繼之兩臨茲邦善政流風迨迨相望異世通夢盍祀其旁胡為後人歸櫬於杭我思疇昔雪涕浪浪未憑其棺但銘其藏音塵雖遠談諧未忘為民之爹為國之良風流人豪宿草亦香

見國朝耆獻類徵二

永樂大典卷

陳寶事略

陳寶字葆畦山陰人幼善讀改服賈旋游京师給事選曹叙官得縣丞補順天宛平縣南下汎縣丞升成安縣知縣修學宮葺講舍廣敎化會歲飢發粟賑之邑苦繇力減其數調武強縣知縣患盜獻屬知捕役宋自太為逋逃藪下車訪獲並擒剧盜十餘擧邑境以安士民至今誦之擢楊村通判遷務關同知京师斛粟東南歲漕數百萬石單以道阻咸豐初改海運由天津達潞河入太倉凡十總津局事利獘皆洞悉矣自戊午迄庚申海氛不靖恒聚粟津沽百數萬石設策疏達不竊盜糧咸豐间芸隨營駐獨流防堵逆匪賊礮我營屢瀕於危不為動勇弁每疑行蹤者為匪戮以請功為設禁約獲匪必訊明毋得妄殺得全者無算時已升知府晉道員奉特旨

紹興縣志資料

留直補用旋假都轉錫孔翠年六十四以葬親大事乞假歸里遂致仕為生平篤於孝友遇舊知不渝車笠盟猶施與緩急相告無不應忠人之事與謀必出殊力要其成性和易與人無忤善體人情馭屬吏寬而有制私令干進者拒之　陶朗倩具采稿

陳鶴年事略

陳鶴年字鳴皋號松巖會稽人乾隆時任河南中牟縣典史有惠政時大吏以捕白蓮教匪愚民被哄誘者頗眾欲盡誅之而其情可憫瑕竟赦之而於法難寬正躊躇間鶴年挺身出保曰此等無識愚民名為教匪多係脅從大吏既盡置於法即曰予亦不忍但得有人擔保戢其瑕首目可也鶴年曰大吏誠有心予願代保六十年如限內再犯請以全眷抵大吏允之遂焚牒請命全活數千人去任之日民猶感泣依依如失慈母　錄吏孫國寧采稿　任月峯采稿

葉文麟墓誌銘　孫星衍撰

予與葉文學枚同僑寓金陵君弟槐以死事陝西賜贈蔭屬予為傳時負米往還江浙未有以應久之君父刺史又卒官復持家狀乞志之誌墓雖不文不可辭按狀君姓葉名文麟字聖植號星槎先世祖某隨宋南渡居浙東若邪邨遂為會稽人父某移家錢塘生三子君最長少穎異善讀書工楷法入都以兵部則例館議敘選授江蘇呂城司巡檢會巡撫陳文恭公宏謀過境有夫役陵人於途君縛而杖之巡撫目為強項吏旋以獲盜十七案申部記功丁母艱歸浙江乾隆某年高宗純皇帝南巡督撫奏留君檄濱三江口水利相度地勢有不便民者悉請大府改道服

闗由嘉定南翔司巡檢調淮安稅大使卓異加一級城外市河久淤君冊議請依五里津貼之例挑濬不動帑而工速成民田資其灌溉會河漫入淮君悉心賑給嚴懲竊盜民以安業以父年八十有八捐擢府通判博捧檄之喜旋丁母艱歸葬浙中服闋分發安徽奏留江南署江寧北捕通判修治行宮及諸名勝獨以節省浮靡[糜]稱予加級是年題署淮安通判議濬城河建滚水壩開文渠濟修橋梁道路安東縣以民便河為壑大河既淤縣即受水君以疏濬請於守出民[良]田億萬餘畝盐艘往來胥[尤]便之桃源縣知縣以徵稽料涉訟君攝縣[平]其事總督莅淮饑民索食甚衆勢洶洶以君得民心檄攝山陽縣議調劉君請郡守升坐

曉諭之衆乃安帖因議賑粥出貲五百兩與邑人立條約收放民皆樂輸復以其有餘散錢米全活甚衆補徐州府通判署江寗南捕通判復辦廵幸工程賜大緞荷包旋署江寗府江防同知調攝通州直隸州知州州沿海有放火搶劫積案沙地千餘人訟莫決君廉得起釁始末罪其土豪之爭地者案遂結州治十月不雨前官未報災倉儲復不足君曰吾先宰山陽亦如是因謀之衆衆知君公廉相率出錢賑粥君請運穀萬斛由海道購薪草數百艘令分路開倉日賑人二萬餘最後發倉平糶三月民既蘇時又患疫傳染殆徧君為文牒神驅除瘟疫之厲病者多愈期年受代攀轅泣送者百五六十里時廵撫某與君不相得因

前数任公過劾君降級君回浙省墓置祭田今昆弟守之
搆別墅於金陵寓其郄蒔花種竹脩然自得會大學士總
督孫文靖公士毅訪公詿誤事不實遂入告起官降選陝
西司政司經歷權孝義川撫民同知孝義川在終南要隘
之處設官未久流民爭據曠土開墾禾塾時輒相侵奪君
勘界定址議六年以內勿更佃勿加租限滿聽田主自便
申上大府並飭五狼廳鎮安縣一帶倣行之衆感德造生
祠君爲改祀先賢之有功德者六十年川匪擾及關中君
嚴立保甲團練鄉勇隨提帥勦賊於興安會夜襲破賊營
事聞蒙御筆記注今上紀元之明年補授興安府通判兼
攝孝義川同知事賊據鎮安縣光頭山君往斷其糧道賊

惶遽夜遁二年賊復擾至孝義時官兵甚少環山無城右
設樓櫓拒之會仲子槐以縣丞效力軍營自大營帶兵入
援夾擊破賊事聞得旨嘉獎其後二年槐以捧檄赴洋縣
防堵遇賊力戰死事君兩攝富平縣值軍書旁午馬上治
公牘盡瘁民事捐南湖書院延名師課士捐置膏火士多
獲雋民有女為妖所魅為牒城隍神病以愈因听民作新
廟君以餘力修補破敗休息教化一時望君如歲馬臨潼
旱災民苦差徭罷市值官兵過境大吏惶急以君往莅事
下車即獲澍雨為革除靡費撫輯回民邑人安堵尋署乾
州直隸州知州臨潼士民詣方伯乞留乾州人爭曰奈何
奪我公其得民如此州驛馬不足常賃之民間君自捐良

馬補之歲需芻豆購以時價民不苦擾以勦賊時墜馬傷
疾作卒於嘉慶七年四月戊午春秋七十有五君篤於親
故以餘祿周恤貧急或為婚葬教督其子弟持家有善政
好撰集格言勸世妻鄭宜人先君十三年卒事舅姑至孝
方淮安城為巨浸時宜人(居)在高樓樓下水激墻崩民或具
舟載宜人宜人以(計)一身渡無復以舟濟鄰人者乃命舟具
載鄰人畢始登舟雖倉卒不忘仁恕如此以其月其日合
葬其厚(原)子三人長枚欽天監肄業國子生次槐縣丞贈雲
騎尉世職入祀昭忠祠次梅候選知縣女子子四人孫三
人長養福龔雲騎尉次養祿養壽銘曰
君善書臨鍾王君作吏模龔(龔)黃理溝洫發囷倉德綏黎庶

伏羲瘝厥躬蘇氏殃妻臨難為貞姜子執戈成國殤宜未
達民之望死不朽葬者藏銘樂石同旂常見國朝耆獻類徵二

[illegible]

徐聯奎傳

君姓徐名聯奎字璧堂號訥齋浙江山陰人先世由奉化遷郡城遂入籍祖禹謨父宗元博涉經史有文學以鹽大使借補縣丞罷官歸授士徒以自給君少力學督學於文襄公拔第一人入學試輒高等督學雷公鋐竇公光鼐皆賞拔之食廩餼學優行中乾隆乙酉科舉人丙戌科進士引見以知縣即用授江西東鄉縣知縣巡撫吳公紹詩知君名即擬調南昌縣君以資淺辭歲餘終以人品端方才猷練達奏調之乾隆三十六年擢南昌府吳城鎮同知四十一年丁母憂四十三年服闋江西巡撫奏取督辦堤工四十五年補景德鎮同知大計卓異保薦四十八年調

南昌府同知四十九年以俸深部推升湖北鄖陽府知府俄因事連累落職君爲同僚分謗絕口不辨恬然歸田不再仕矣君少孤得母教堅苦力學文律深細無所不到入學後迺出佐司道府幕以其資供孝養是以吏治於未官時及官首縣同知凡省中重案多委君審之大吏章奏亦每就君屬其稾故君以一同知歷署吉安瑞州建昌南康南安袁州各府事而署撫州九江府者再蓋君之德與才有爲列郡守所遠不及者乃甫升一守即不復仕命也君雖精於吏事而不輕定讞秉燭披牘夜分無倦所至書大堂殿曰眼前皆赤子頭上是青天其聽訟皆以平心易氣及人所不經意處得之東山民甲與乙爭山對簿呈契各

曰僞耳馬有雍正年書券而預避乾隆年御名者永豐
員甲誣乙侵其地擅毀乙屋久不理君結其據甲以族譜
家塾八景圖說爲證君曰圖内有大江環左小江繞右之
語大小江亦爾家所有乎且滕王閣詩序有衡陽之浦若
藉辭管地則湖南爲江西所屬星子民斧荒山村柴人謂
其竊墓樹毆之民以斧傷村人手縣令以罪人毆所捕人
折傷擬絞君驗契量地地浮二畝有奇斧柴者官地也減
其罪盧陵人捕獸置窩弓斃行人縣令謂已如例設望竿
及抹眉索免其罪君詢民望竿何物抹眉索何狀民無以
應蓋縣胥教之也論以罪臨川民李某寓宜昌時方捕逃
兵李某官以其姓同執之擬斬李某訴原籍實臨川父母

故惟伯父存湖北移江西其伯父畏累稱無姪君迹得其父母墓碑名氏合移覆得免死興安生員之子娶婦瞋匃者強索食毆斃之辭未定生員死于獄子告縣令枉其父曰匃死在前月其日娶婦在後月某日君檢舊時憲書後月日不吉前月日吉出書示之詐乃破上猶民婦曾某夫氏久出見河有腐屍遂控素有仇之廖某斃其夫獄久不定君取死者遺物歷檢之於荷包中得典票字曰中姓物知死者姓鍾覓典票者皆省鍾為中也南昌民有殺人於家者家止夫婦侍無証堅不承君步至其家搜得男子履四二大二小訊有甥同居拘其甥鞫之悉得其殺人狀樂安民甲與乙鬨甲迎面倒拉乙髮辮乙擠甲腎死屢伏屢反君鞫

之伏如前然料其必再反驗乙髮脫其半詰曰脫髮安在
乙曰獄中雜髮者梳取矣詰雜髮人及禁卒語相符遂不
復反其他擿奸發伏盡心無冤者多類此君服官廿餘載
所至興利除弊治蕩安良修舉普濟育嬰諸堂澤及枯骨
去官之日百姓每奔走哭送官南昌時圩隄圮於水君躬
勸富户修築有漳湖者皆貧農君捐俸為倡市賈從輸得
錢兩月工竣萬畝賴之學宫圮若建費踰萬君倡修上官
難之君具牘請曰所虞捐工之弊有三官侵吏擾董事不
實也今其已（尚）堰（堪）自閉亦頗見諒於士民胥吏不涉手董事
選得人必無害令下士民樂輸工成焉君素廉儉居官如
寒士官俸外不名一錢罷官後無以自給尚以章奏幕應

聘如秦晉豫皆至焉元任浙江巡撫初致之幕友不合意
次年訪之知君在山陰乃礼聘君君亦慨然許相助凡漕治
治災賑治倉庫治海盜多得君之益且是時元年方三十
七君年已七十餘每從君問舊事論世務多聞老成閱歷
之言元去浙後巡撫清公安泰蔣公攸銛亦皆延致之君
年六十後始舉二子曰之瓚曰寅皆生員道光二年卒於
家年九十有三誥授奉政大夫乾隆五十五年萬壽恩賞
復原階所著有筠心堂詩古文蘭亭志熙朝颺言錄暢風
軒隨錄宦篋偶存西江政畧關中紀要中州陵墓錄晉陽
陵墓錄各若干卷　阮元撰

徐豐家傳

君名豐，字約之，世爲會稽縣人。明天啟初，四川長寧縣主簿守縣城，殉奢崇明之亂，諱大禮者，君七世祖也，事具明史。曾祖衡臣，祖祖望，父又達，皆以隱德稱。君少有幹才，年十七游學入蜀，歷川楚用兵。嘉慶元年，湖北來鳳縣教匪起，君以鄉勇二百人謁軍門，乞自效，督師孫文靖公奇之，檄以所募赴楚咸豐縣鑼鍋坪防禦。二年，四川教匪王三槐等起，檄赴達州軍營，入軍需局，引例以縣丞累署南溪縣及邛州州判，以能名。軍興地方輕重，以宜大府請升達州爲綏定府，改吏目爲經歷，即以其官官君，綏定府之有經歷，自君始也。敘勞以知縣擢用，補內江縣。十三年調署重慶府巴縣重慶扼荆楚上游為川東門户重慶兵額一千餘名獷且窮其初借月餉自給久之不繼則措弁議月借米二斗估其值以取償於餉然官買米多貸錢貸有子母亦取償於餉如是有年而兵益困益不逞且譁先是重慶有教場地曠衍小民趍逐為市易漸稠密黠者私取其租以自肥輒爭攘訐訟吏不勝其擾君既至廉得其故具文書上大府請以租屬官官設簿籍計其入贍兵食月一斗黠者嗾將弁詐不便且言果行之有變君毅然曰公等以我減其米邪向之二斗責償於餉今一斗雖減不責償責償則無餉不責償餉固自在且月多食一斗米孰愈吾為兵計耳果譁我任之遂力言於大府既放米皆踴躍曰徐

公活我總督勤候固知君才至是愈以為可仕並以卓異
薦君旋以憂去勤候亦逺朝每歎息用君未盡云服除調
選為安徽涇縣河南滑縣用兵奉檄至亳州辦理粮臺事
竣調懷寧尋署六安州州故沃壤修水利獨是年大祲例
乞賑君覆勘竟與州人議官賑吏役得為奸弊錢賑口多
寡有影射粥賑則真飢寒羸弱所全者多今錢與粥並行
不乞帑而各贍其鄉黨鄰里貧者不流為盜賊則富者以
安且賙恤義也皆曰諾乃使次第署其所輸於籍又給門
牌大書其輸之數得白金十萬兩有奇君以飢民可散不
可聚使鄉先生里老各任其散錢煮粥於其鄉而官稽其
成凡三閱月金無虛耗户無虛口官吏撫循無虛事為鄉

保一百六十户十數萬獄訟衰息敚攘不作閭閻恬熙安其所苦是役也安徽旱災五十一州縣衛甄敘勞勩君第一大吏以聞上嘉歎允以同知直隸州升用先换頂帶尋實授六安州逾年以病乞罷丁母憂一起署霍邱縣又以病解事君嫺於吏治所至如學校城垣津梁無不修舉卓犖負時望顧自修飭戒滿盈年甫五十即脩然有塵外意自署所居曰退齋遂堅不肎出云

論曰予與君皆被節相百公及中丞胡公薦君以治行尤異顯著於時獨善予以次女爲予仲子婦君長身鶴立慷慨能任事議論多中肎綮嘗燕談及史事君輒舉涑水通鑑是非疑信具有本末予敬謝焉因言少廢學及作官稍

閒暇繙閱諸史欲以考鏡得失助其才所未及然則君爲
政之美有以也夫　　　査揆撰

紹興縣志採訪稿

宗儒字穎秋會稽縣籍嘉慶甲子舉人己巳進士
湖南華容縣知縣調零陵縣知縣華容縣志均
採列名宦專傳學者私謚敬靖先生祔祀范忠
宣張宣公祠暨永州羣玉書院著静軒詩文集
手輯零志補參零

紹興縣志資料

凌棨亳州名官志

凌棨字香雨浙江會稽人嘉慶二十三年任亳州州同性倜儻不羈工詩善書好與儒士相往還後署潁州府同知卒於任

許廸光傳

先生姓許氏諱紹宗字廸光一字蓮舫先世浙江山陰人祖廷相授（贈）文林郎湖南武陵縣知縣妣葉氏贈孺人父燦國子監生累封朝議大夫湖南武岡州知州加一級妣孫氏累贈恭人朝議公好遊客閩中久樂其風土家焉遂占籍為咸甯人先生生於陜西漢南旅寓性（穎）異五歲喪母哀痛如成人稍長讀書有夙悟十七歲通經史及古雜家言為文精湛無浮響十九歲隸咸甯縣學籍為縣學生嘉慶三年中陜西鄉試舉人六年成進士改庶吉士踰年散館授湖南永定縣知縣兼攝慈利縣事署巴陵縣調補武陵縣知縣稍遷武岡州知州鳳凰直隸廳同知先生偉軀幹

豐頤廣顙腰大十圍目光炯炯出眶外神清識朗聲如洪鐘望而知為巨人其宰永定也年逾二十有五廉明剛斷擿伏如神王嗣南者永定傳教之頭目也其師為慈利楊金龍蓋羅其清餘黨金龍傳慈利毛登榜登榜傳嗣南嗣南傳向大順王嗣年等七人展轉傳八十餘人先生偵知密不發一日託勘事出先期役晝卯而陰擇健者五十人平明令曰皆集十四都達者斃杖下夜二鼓抵其地縶嗣南盡得其經卷悖逆書狀嗣南知事洩備悚七人姓名居趾窮一夜捕獲皆無所得脱論如法而貫八十餘人使自薪凡八日而獄具辰州民向登前鷙悍多膂力其第曰拌二拌三拌四日與其黨數十人盤踞慈利為民害官不敢

過關胥役或他有勾攝輒為所劫趙氏婦新寡拌四利其貲與其兄一夕劫之去嫠伺閒脫鳴官不能理先生至登前使拌二來陳訴蓋嘗試也先生佯語之曰事虛實未可知而汝兄弟畏匿則情可疑果虛者俱來吾直汝未幾拌三來好語如初登前刺知官無他乃與拌四俱來俱縶之而陰諭鄉民犯已集無恐於是訴者麕至先生坐堂皇大集衆而讞之登前等相視錯愕不能出一語立予重杖幾斃四人者相繼死餘黨潰散民大悅武陵窮民王世龍獨居古廟死數日人無知者村民祀神至見扃户闢而入世龍屍赫然地下往報其弟世鳳奔視檢衣物去存先生訪知往勘視其出入蹤蹟曰盜不遠矣村民李開名素無賴

疑之搜其家無贓而於其尤開成家得棉馬褂一襲與贓目同召世鳳視之確而開名堅不承反覆鞫之則曰此我尤所為耳拘其尤則盡室行矣乃緝開成而羈開名待質先生閉開名静室中好言撫之曰爾認棉馬褂實乎爾尤之冤亦爾冤也開名泣曰此真小人物前言盜者誣供也然則何以與贓目同也曰冤哉小人之衣青而藍裡綫用白世龍之衣青而藍裡綫用藍官不信裂而質之先生曰若然殺世龍者非他人即爾也馬褂未得何以知為藍綫開名口囁諾其贓埋叢樾下起視宛然武陵把總其家被發棺上有斧痕不得盜捕一人來曰滕林子麻陽人也其父曾以行竊首於官捕者黑夜遇之墟郭開手持斧疑其

發冢也一訊而伏問以贓則曰黑言負之登舟蒼黃沈水惟一靴存己賣漁者陳甲矣拘陳至則如林子言問其鞾則轉誰何人無可迹林子故操舟為業也覆訊之無異先生曰是其言太易非真盜督捕如故捕慰甚曰盜認而官疑吏何得盜乎先生不聽督益亟一日平明捕遇一賣柑人挾兩筐疾走視其筐有複底啟之則藏襪衣數事皆無鈕釦復啟其一斧鑿在焉問其姓名為熊大用縶以來先生曰此真發冢盜矣蓋楚殮衣必去鈕驗其斧與林子斧合訊之自發把總冢後至是凡發十一冢矣其明斷擿發類如此先生作令二十年治官事如家事興利除害勸農桑明學校於書院育嬰農田水利諸大政孜孜如不及每

去一官百姓奔走哭送相屬於道永定西有漩水四面皆山外為青魚潭漊水滙焉漩水出山罅灌田甚衆舊有洞洩水乾隆中洞塞水漲田皆淹居民議開濬引水入漊而青潭民畏下流氾溢相持久不下先生集山内外耆老與為曉譬濟之如議而償水所過者直工成溉田數千畝青潭民田竟無恙滄港為古滄浪在武陵東地有市聚西南驛路所經也人煙稠密奸民乘水涸築子堤於非岸水不得洩市民苦苦訟諸官時守常者為宜黃應君先烈謂築堤已久黠者飛糧爭占議勿毀先生慨然曰是與水爭利利也不數年子隄日高無滄港矣謁守具陳隄當毀狀守憾然争之愈力竟從先生議流水西來常德郡治當其衝

恃一隄為捍先生深慮隄工未固議吏築以費鉅止時歎曰三十年後必有受其害者道光辛卯隄潰鼎澧閒遂成澤國其言卒驗武陵多水災民閒例借給子種墨吏奸胥從中掊克民償不如額前令董如岡以虧帑罹法至是災民援例請衆謂勿給便先生曰是因噎廢食也乃集耆民誓之曰吾予若庫項無私（絲）頂（毫）扣減汝能如期償乎衆泣曰有官如此而忍負者明神殛之乃飭庫吏如數封固登記累累積堂上先生自操宰盈而諭鄉民自檢封發視驗無毫髮爽乃各書領狀持去越歲如期爭償無一後者其感人若此先生才大而識卓讀書從乙部入作識論謂集天下大事存乎才定天下大事存乎識治事之暇或巡行所部

必以史冊自隨有讀史隨筆於古今治亂（得失）之故鄭重言之精於史事而不輕定讞終夜秉燭披牘平明集兩造於庭平心易氣不輕予杖而民自服所至大書其聽事曰當思百姓妻帑（孥）亦子女毋以一己喜怒亂是非湖以南民氣刁健越訐訴部控者比比先生所蒞三縣一州之民獨無有焉性嚴重事上官以禮而不為詭隨大吏過境有所銜於先生將中以危法或從其陳謝解免先生屹不為動卒亦無如何平生篤嗜風雅矜尚名義口不言錢作居官六字箴曰忍曰斷曰勤曰慎曰靜曰恆獨不及清其言曰苞苴之不行簠簋之必飭稍知自好者皆能之不足異也先生負經世才思大有所建白既迴翔牧令不得展汲汲以人才

為念愛禮賢士嘉興來學課書院生徒務為體用明倫之
學凡三為同考官及州縣試所得士最盛出先生門者皆
有本末可觀於先賢文獻搜討有力修武林（陵）志稾武岡州
志簡嚴有法又訪得管白雲先生墓於武陵傅忠節公墓
於武岡皆為之封識勒碑以紀及移官鳳凰又以書招顯
鶴謀修三廳志書發而先生病革凶問踵至矣悲夫先生
學有本原詩古文詞俱不苟作古文尤有義法議論偉然
有讀雪軒學詩讀雪軒學文讀雪軒經埶讀史隨筆史評
補若干卷嘗以關學自明康才山呂涇野韓五泉及國初
李二曲先生以來先正典型危如一髮近時孫閬峯戴未
堂兩老先生門名敏達君子而亟思所以埽除振起之者惜

爭年未中壽以歿不及踐其言為可惋也先生歿後今天
子登極方破格求賢有起自守令旦夕至方伯連帥者時
廷臣多知先生得以其名上而先生不及待矣不尤重可
哀哉先生是於乾隆四十三年二月二十三日卒於嘉慶
二十五年六月二十八日春秋四十有三配強宜人先卒
側室秦氏葉氏秦孺人生子一鈞壻於武陵趙氏前雲貴
總督太子少保文恪公孫壻慎軫山西候補知縣敦訓子
壻也葉孺人生一女適萊陽趙氏前分巡辰沅兵備道文
在之子其早卒先生既卒官鳳凰鈞幼朝議公將謀以其
喪歸舟過武陵其民悲戀相與留葬於武陵西城外數武
之古原而朝議公率孤嫠依之因家焉今又為武陵人也

朝議公篤老鈞讀書用武陵籍應試將有成矣以道光十八年六月日先朝議公八月卒遺一子二女子亡閱月今甫八齡趙氏婦亦卒矣嗚呼天道人事其尚可量耶先生葬武陵久辛壬之水環鼎城廬墓皆毀先生墓獨無恙顧墓道之石尚未立鈞在時尚以為言念生平以文字受知先生義甚深今先生之門獨顯鶴與武陵劉君夢蘭在耳恐遠先朝露不克執筆重負師門罪戾之（滋）大爰敘次先生居官為學之大系以銘碑於墓道以候（俟）他日史官傳儒林循吏者有所採擇且以望其孤孫之成立焉銘曰

漢治近古吏尚安靜安則不擾靜則不兢先生之學達於為政六言自箴百族在泳令行禁止刑端景正居以民穽

去而益詠臨沆之西周道緯經公體實函延望生敬昔歲
龍蛇懹襄告警萬瓦濤飛千瑩露迸公冢歸然百靈從令
石闕高衢穿中狐賸峴首涕隕隨原心怲人亦有言于門
當盛至於先生其言不應焚焚狐㚇土斛塵甑棠舍餘發
麥舟待贈惟余小子受公提命無德不酬居與誰聽勤此
貞珉敢告億姓我言不誣公集可證善人有後天理終勝
更千百年繁衍滋慶

鄧顯鶴撰

宋壖傳　見會稽日鑄宋氏宗譜　絜園錢均撰

宋壖字軼千號鑄山初任湖北黃安少府繼知福建壽甯縣事夙擅俊才枕藉經史戛戛獨造不拾時人牙慧以故一藝出閲之者輒詡其有江東之秀開府之新及仕於楚為邑之僚佐晏然視事以捕蝗受知於郡守王公驅除殄滅悉得其旨將不次擢之以解任去不蒙見拔於是沉挫自甘出其文章經術以興邑之賢士大夫相為引納爐爇金貌〔猊〕堂開射鴨哦松埽石綽有崔斯立裴子餘諸人之風又時出遊郊外策馬於鼇峰諸勝春風嶺綠楊橋悉枉顧之司鐸丁公嘗投之以句云宦況如冰淹歲月交情似水足徜徉蓋十六年於茲前後明府相倚為重王公粤麟移

篆江夏邑衙事煩欲辟爲署掾不可得李公世瑞由公明決之力陞任鳳陽郡是固不以職小而輕不以位卑而抑也其後聖主嘉靖萑苻之功授閫中司牧至則問疾苦通積滯興學校寬催科惠民之政以次建行計其昔之籌畫豈復有異於今而第得所藉手以視困於枳棘動多掣肘者不同矣壽甯在萬山中茂林邃谷常多虎患公至則遁逃屏跡不知歸於何所民以爲仁德所感云維時大憲異之遂擢署福甯府判不數年而卒

裘安邦傳見國史館本傳

裘安邦浙江會稽人嘉慶十年武進士授藍領侍衛十六年揀發江南以守備委用十七年署徐州中營夏鎮汛守備十八年補青山營守備二十一年升署徐州城守營都司二十三年通州積窩巨盜楊大邦等出洋劫掠兩江總督孫玉庭密遣安邦潛往江場捕之偵獲首從盜犯江朝陽等四十餘名經孫玉庭保奏命以本省都司升用二十四年補江寧城守左營都司二十五年調青村營都司旋擢海州營參將道光元年巡緝私鹽首犯闞子雨馮志川等先後就獲而通州私梟李克標紀士田等持槍械護梟拒捕勢尤張安邦偕知州孫源潮帥兵役擒之復獲夥犯金

有富等十三名孫玉庭奏請鼓勵賞戴花翎二年遷河標中軍副將四年署徐州鎮總兵五年署松江鎮總兵時浙江嘉興杭州二幫水手爭駕新船李明秀等於秀水縣地方糾衆互鬭傷斃數十人命沿途訪緝要犯安邦偕浙江江蘇山東三省文武官捕之獲首犯李明秀任兆林等七名置之法夥黨百二十餘名悉就獲諭曰裒安邦會同查拏浙江滋事水手獲犯多名尚屬出力著加恩賞加二級六年擢壽春鎮總兵七年調徐州鎮總兵十二年卒子枝直隸按察司司獄患湖北候補府經歷

裘安邦　壽州名宦志

裘安邦浙江紹興人清武進士勇力絶人官壽春總兵剛斷嚴毅暇日教士卒拒擊跳注嘗微服巡邏兵民皆畏之如神初總兵定柱精槍法勤訓練安邦名與相亞而廉直過之裁朋扣積弊餉兵輒親給故士卒憚其威而亦樂為之用好讀書史喜為詩敬礼賢士大夫而與同官多不睦或面折凌辱以是為時所忌道光七年調徐州鎮總兵頻行賦詩有明知同俗和衷易始信清流獨立難之句旋卒於官

紹興求書目

文林郎山東蒲台縣知縣會稽慎齋章公傳

公姓章氏初名鳳翔字冠英號鏡蓉後以太和名登賢書服官時又改名炳然字慎齋系出後唐高州刺史檢校太傅仔鈞公渤海郡君練氏太君後父諱雨以家無恆產佐幕得薄脩以供饘粥母周氏勤儉治[持]家能安老萊之貧雖翫釜生塵處之晏如也公生而穎悟過目成誦鄉黨中有神童之譽性至孝每見母氏劬勞輒潸泣而自奮曰必博得五花誥以奉也母氏聞其言為之動容十一歲應童子試嘉慶丙辰為竇東臯[皐]學使所識拔補博士弟子員與馬漁山輩受業於同邑王本滋名孝廉學日益進詩文與王笠舫諸名士齊名年逾冠以屢躓棘闈家貧親老不得已

為負米計赴保陽探親不遇適有陶君為清苑李椒坪明府記室係公夫人之舅氏因往投之而陶固素未謀面也測以炎涼之態儻不顧相問則不免為阮步兵窮途之歎矣何何陶君一見相傾揄揚於李明府前李見公氣宇不凡固已心識之矣時方判平官衙例設椒宴群賢畢集李有意於試公也闢酒聯吟為金谷之令公對客揮毫立就七律數章咳唾皆成珠璣合座無不傾倒李益愛公之才即席納為門下士委司筆札於是公遂為入幕之賓陶之力也嗣遇校士之年擬寄籍清苑以就會試有所阻遂納監入北闈丙子科挑取謄錄充會典館謄錄敘績例得縣丞丁卯科復入秋闈中式潘標榜舉人先是未入闈之前

夢亡祖謂公曰今欲得售非易名不可次早見案上素紙
隱隱有太和二字似淡墨書成者遂更名塡卷果獲售議
叙以知縣候銓時先君督學畿輔素聞公名而李椒坪已
洊升保陽太守以公之需次尚未及期迺薦公任襄校之
役先君雅重之公屬執贄門下先君即浼公授楨及弟樾
兩人讀循循善誘至今猶不忘師訓焉歲壬申公奉父諱
旋里掌教上虞書院甲戌服闋入都謁選值乙卯試科又
進禮闈報罷後赴汴京視沈松平外戚於祥符曹家寨時
河决馬家（壩）口曹寨適當其衝居者大恐公具疏於金龍四
大王廟（祠）得免水厄事祥（詳）公所著靈顯記及紀事詩中庚辰
選授甘肅禮縣知縣親老告近改選山東武定府蒲台縣

知縣蒲台地連燕趙境多萑苻之盜公下車之始即立保甲之法諭以守義望之義自捐廪俸千金以募兵壯立擒盜魁霍宗譓等十餘人置之法境内於是肅然公之銳於求治也方謂大展才猷攄其貿蘊負不難與三異十奇媲美乃以素性剛直不肯阿事大吏以致有意督責事相韋制遂鬱鬱不相得蒞官未及二年竟賫志以沒嗚呼惜哉公篤於天性平居與諸弟共財而尤孝於事親母有危疾私割股療之而人莫知之也子三洵澍瀛均爲山左名幕孫三人亦皆嶄然見頭角矣今公之次子澍感懷手澤有游汴游吟之刻特遣僕持書來請序於楨伏思公之詩不止此卷將來續集踵出傳誦於時必有能序之者非門人所敢贊一

詞惟公之一生事蹟楨知之最稔爰撫顛末而為之傳庶
讀公詩者因以知公之為人云爾　時咸豐二年歲次壬
子冬十月既望日賜進士及第吏部尚書協辦大學士受
業賈楨敬撰

紹興縣志資料

陳慶徠事略

陳慶徠字馨堂，道光乙丑科第四十四名舉人，大挑知縣，歷知廣東長樂、鶴山、清遠、東莞、番禺縣事。居官廉介，留牘人服其政。任清遠時，值英夷犯粵，省垣被圍，調集士民八千餘赴援，未至圍解而止。調東莞，夷縱未定寇，約縣民二萬餘隱伺其隙，夷不敢逞。卒以委辦虎門屯田屯兵事，屢涉驚濤，心悸成疾，終於東莞舟次，粵人哀之，年四十九。

陳慶偕事略

陳慶偕號蘊圃，道光戊子科第六名舉人，乙未科第三十九名進士。由部曹歷任山東、福建臬藩，官至晉授河道總督。性耿介，門無私謁，還鄉之日，兩袖清風。嘗官部曹時，辦理一武弁余某案，上疑枉法宥之，諍曰：「陛下之所以不殺余某者，堯舜之仁；臣之所以必殺余某者，皋陶之法。」人咸服其抗直不阿云。任來

紹興縣採訪稿

孫椿 亳州名宦志

孫椿號蘭圃浙江山陰縣副貢生以州判分發安徽咸豐三年三月代理亳州得民心為百姓稟留改署任知金陵粵逆有北竄之勢乃馳稟請兵守城一面集團練守陴備子葯餽粮詎五月初三日粵逆到圍城山西大同兵潰於河北公知城不可守麾民避之尚有忠義民團巷戰死之公即將印信託交幕友沈君次衡埋於後園中識之曰吾當以死殉之而國家名器不可污賊手即朝服坐於大堂待之初四日賊破城入署見公危坐罵不絕口賊怒於頭門外戕之遍體鱗傷其幕友族人孫平山亦同日殉節後經沈君次衡邀地方紳士殯殮靈柩送回浙中

紹興縣志[illegible]

施照　壽州名宦志

施照字竹香浙江山陰人由供事於清咸豐間任梁園巡檢洊保花翎候補知府同治二年兩江總督曾國藩知其果敢有為奏署壽州事下車伊始手刃苗逆黨羽督練復城擒斬羣寇平圩繳械而亂已定在職五載查充逆產千餘畝入循理書院以養士積粟萬餘石儲豐備倉以備不虞修學宮試院城垣南門橋安豐塘壩所在多惠政士民立祠祀之

紹興縣志資料

江南名宦錢公傳 傳載求治庸言内

古之人為地擇人以利民今之仕為人擇地以利仕指吳會賦重之區而鶩而趨焉賦一而徵者十先以重賂啗士類曰漕規次以減免私巨家曰紳户大邑所羨以十萬計則潤此輩及漕修兑費者半餘入私橐供酬豢苞苴民不堪命乃甘收半租而責完漕於其佃衆怒脅官互施狡變乃至受抑惡胥兩夕燈宵饑疲寒慄淋量踢斛狼戾侵漁激而鬨焉則銖錄否則稱完全登上考彼留心民瘼者或轉以欠解罷上下交訽無所容沿習百餘年未有辭多受少甘忤上以利民如錢公者公諱德承字慎菴吾越武肅王三十世孫起家丞尉以漢川巡檢受知林文忠為縣令江

南專以農田水利為治本令高湻時預儲被絮葑包楗圩田水患令二人員一絮背浪坐為成護圩以免民咸神之金匱為江南漕弊魁歲羨四萬金官一而分潤者三若均漕平兑則以無羨除各費而利民公曰吾忍以巳入之一剝民之四乎甯忤上違衆為之黠紳以賄計要上官禁令公堅執不移竟洗前弊勒之石先是權青浦邑賦政憑粮差掣串無完欠同歸綑墊聽苛歛紳户曬差便巳而專苛民户以償公集差跪邑廟誓之曰汝等祖宗亦糧差乎皆曰否然則糧差有子孫乎則曰或絶或不振公曰吁孽深禍至矣悉叩頭請罪乃立自封投櫃期民趨納之松蘇賦甲天下亂後莫敢墾荒公為親歷燹墟分荒熟以租代賦

緩其征乘間籲上官請於朝立減賦局定其科則至今賴之常州兵燹尤酷邑虛無人公饘粥之衣之予以牛種授耕具訪事令民以牛及鉏犁質於官廳贖農隙興土木代賑全活無算六合令溫公紹原上海令劉公郇膏皆名臣也兄事公惟謹劉為布政公以松江減賦力爭萬言書自言極生平殫頊力盡在均漕減賦兩牘中蓋實能置榮辱升沈於度外也嘗宰崇明行所治見新廈雙闔具棺蓋形詢得子孫鬻祖父楄柎狀立懲子受革其俗松江濱海一日飲水而鹹塘破害禾立砌復之其遇事痌瘝率如此居平不信祈禳而禱民事維虔金匱有蝗忽自投邑廟及公署積數尺屋瓦為膠青浦有毒一家十三命大獄隔數年犯忽自至皆禱神得之誠信殆無所不感凡宰六

何止於采訪者

邑守蘇松常鎮歷事薛公煥劉公郇膏丁公日昌諸中丞莫不手書優答剡章上聞李肅毅奏公治行第一如加花翎晉道員三品銜授江寧知府年六十有七病於官卒於里以遺愛入祠松江青浦名宦亦可謂有功德而民尸祝之者所著求治膚言十則劉中丞刊布所屬為楷法卓然可風其立心行政嗇已豐人不苟為矜異而駸駸焉蘄至於古良二千石之所為嗚呼此豈復輓近擇民殷賦重之區而鶩而趨焉以自利者與予既師事公得親見公之貴而能貧寬而有制與民休戚以身先勞又因親串得聞公內行同居五世多足以維末俗而勵仕風者今子四人曰繼勳仕淮曰稼秋仕閩曰繩勳仕吳皆登乙科曰稼良入庠

與予官同土請爲之傳論曰宋儒有言一命之士苟有心於利物於世必有所濟今之仕而利物者非疆圻則守令耳上以輸納防侵漁而下以催科邀考最則過矣夫事惟有不學而能者世之守令一而學爲守令者百則視乎其人之敦本贍族平日何如如錢公者宜其孝友於家而能錫其類與然則學爲錢公者宜其孝友於家有心利物不以守令止亦不自守令始　光緒三年陳錦頓首拜譔

曾國荃奏稿

奏爲知府政績卓著遺愛在民籲懇天恩宣付史館立傳以彰循吏恭摺仰祈聖鑒事竊照已故三品銜江蘇候補道前署松江常州等府知府錢德承浙江山陰縣人由湖

北石首縣丞道光二十一年改省江蘇署吳縣縣丞補上元縣縣丞代理高淳縣事立城鄉傳審法閱二月結案二百餘起該邑當大江下游田皆圩圍民苦水患該故員預令典肆留棉絮市蒲色燈籠儲庫入夏水漲有決者用蒲色實土塡之滲漏處塞以絮圩得無恙相閒永豐圩將潰水與堤平因堤內下木橋實以乾土自巳至申工少就風雨不息該故員長跪呼籲往來督視水流面如注工竣始歸旋保以知縣用補金匱縣咸豐三年調具署青浦縣當周立春滋事後地方衿保藉緝匪爲名誣陷良懦該故員一訊即釋下令捕著名逆黨餘悉不問告者以其罪罪之人心始定六合失守五廳縣稟請停徵漕米青浦催科專任

糧差苛派細墊費浮正供數倍該故員令民自投櫃此弊遂革旋赴金匱本任其尤著者莫如均漕一事無錫金匱二縣民戶完漕加紳戶數倍因而包攬詭寄避重就輕諸弊百出該故員與無錫縣會議紳民畫一完納盡革從前把持詭寄之弊諸不便於已者百計搖撼該故員力持不移其實力堅定有如此者洊保以同知直隸州用署崇明僻處海外民鮮由禮該故員嚴慢葬之禁立葬親之限捐置義塚崇獎風化採詢節行民間勸感興起而諸弊悉除杖斃巨盜黃六郎而餘黨解散民賴以安此該故員歷任各縣政績之大畧情形也經前升撫臣李以該故員治行奏保以知府用委署松江府松郡漕賦最重該故員親詣

紹興縣志採訪稿

各邑查看荒熟酌定科則删冗節浮稟陳至再三自言竭生平殫項力盡在均漕減賦中旋調署常州府常郡有鋪捐為郡城辦公之費時城垣初復滿目瘡痍該故員慨然曰民生若此守土責也立白上官撤鋪捐出松郡所餘廉俸充費曉示所屬田不徵賦行不納帖屬吏有不率教者具揭撤參不稍寬貸招徠流亡惟恐失所一時常郡市廛民居頓復舊觀皆該故員力也此該故員歷任各府政績之大畧情形也至於寧金匱則宣講鄉約採訪忠節團練丁壯清釐巨案守常州則設粥廠濬城河造紡車發籽種教民耕織守鎮江則復善堂舊規添書院經費疏江口淤沙禁開掘山礦守江寧則巡視圩田搭廠棲民設局當牛給

食散衣鄉民呼為慈父一切善政不勝枚舉厥後再任鎮江修城濬河心力交瘁工竣瓜代而疾已篤同治十年還家尋卒該故員宦游所至士民思其德惠莫不感激流涕據在籍紳士前浙江巡撫任道鎔等臚陳政績聯名呈請奏懇恩施宣付史館立傳以彰藎績等情由署江寧布政使馮應壽蘇州布政使黄彭年飭據各該府縣查訪確實各造冊結轉詳請奏前來臣等伏讀同治二年十一月二十四日上諭祁雋藻奏緝盜安民必資循吏請分別表彰錄用一摺嗣後各省大吏務宜加意訪查其有政績官僚聲遺愛在民者着奏明宣付史館編入循吏列傳等因欽此欽遵在案該故員錢德承服官江蘇幾三十年所至不

務赫赫名而遇事講求不輕喜怒於地方學校農田水利
生民休戚風俗盛衰靡不夙夜勤求一以扶植善類培養
元氣為任視百姓如家人父子地方利弊無不周知卓然
有古良二千石之風民聞其來皆引領加額其去則卧轍
攀轅實屬遺愛在民查錢德承身故後業經前撫臣張樹
聲於同治十三年題請崇祀松江府青浦縣兩學名宦祠
奉旨允准在案今該紳士等以遺愛在民瀝詞籲請自應
據實上陳合無仰懇天恩俯准將江蘇候補道前署松江
等府知府錢德承生平政績宣付國史館以彰循吏而順
輿情除將事實冊結移咨部科暨國史館查照辦理外謹
合詞恭摺具陳伏乞皇上聖鑒訓示謹奏奉硃批另有旨

欽此奉上諭曾國荃等奏已故道員政績卓著懇恩宣付
史館立傳一摺已故江蘇候補道錢德承於道光年間服
官江蘇嗣署常州等府知府所至有聲其在署松江府知
府任内均漕減賦尤為循良卓著遺愛在民著將該故員
生平政蹟宣付國史館立傳以彰勞勤該衙門知道欽此

永樂大典卷

屠福謙傳

屠福謙字時齋一字地珊浙江會稽人也父蓮峰習舉子業屢困場屋幕游河南福謙少慧未十五歲通五經性至孝事親以色愉長侍從父在濱學律在河南久具知閭里姦邪佐長吏治刑獄以百數時湖南巡撫吳大澂為河北道尤重福謙勸之仕後援例得通判指省湖北嗣改知縣光緒十二年選知直隸肅寧親老告近改選江西奉新明年五月受事先刊頒聖諭廣訓朱子小學二書宏聖教維風俗爲基於是並飭署中綱紀硃書堂皇求吏人貪黠狀以皆屏息不敢為姦又悉汰糧差及諸白役門下不置通書有獄訟受詞無期到即鞫訊維民好訟者皆避匿然重愛

士大夫諸生有獄訟輒曉以禮義不大孰何諸生亦恥對簿讀書甚勤性好陸隴其燿二家書常玩弄不去手亦時以是誨人隣縣高安有匪教猝起為變福謙募壯士購軍實日夜梭巡教匪戒不敢過奉新自井市豪猾及諸小媮皆密疏姓名區處出不意禽治之民以大安奉新多曠土令種木棉又時發錢贍窮民無告者全活甚衆居官不營私室盡力橋驛陂塘及諸書院祠宇無不善法（繕治）凡治奉六年自大吏及百姓皆謂福謙能光緒十八年調署浮梁縣事其冬復移廣豐廣豐介閩浙閩嚴邑福謙蒞任治豐一如治奉值歲旱民輒藉求雨乞食名持杖剽劫憚福謙威不敢發會隣邑福建浦城姦民蠭起福謙密為備得無事

廣豐士民信慫風鑑樞停於室春夏穢氣薰蒸病疫殆遍福謙示以三月限葬不則法懲得以積年多柩盡瘞迷信頓釋悍然多以儒術緣飾條教不苛民戴其惠在官案勿無晝夜檢校簿書勞役日夥竟以病喘自奉儉素官裝蕭然光緒十九年回任奉邑行次河口卒論曰余聞漢世任文吏故郡縣政最修晚近科舉既不足得良吏主者時遣學童習異域法政以備調選民情好惡既乖隔其政益棼若下登書左上選幕僚令親民事雖不足比隆古漢治宜可復觀福謙所行足以驗矣

福謙自少壯為幕賓于為吏民之情偽盡知之矣為吏處分精

餘杭章炳麟謹撰

任秋田先生事略

任塍字秋田別號似莊會稽縣歲貢生雲和縣訓導前清光緒乙亥科副貢生己卯科舉人庚辰科進士籤分戶部河南司主事截取知縣歷署貴州安平貴筑遵義等縣知縣下江廳通判下江地屬苗疆民族質陋無文生計又蹙公為之教陶瓦教樹畜並創興學塾俾識普通文字漸進文明苗民訴訟事件多係雜處之漢人教唆而起經公摘奸發伏幾於無訟洎在遵義任內以會文課士適當大比之年一榜前茅得其七稱盛事也兩權首邑凡對於上游差徭絕對不願承認時稱為強項令故每蒞一任對於下亦必裁撤陋規整頓徵收事宜兩袖清風胥吏苦之而地方

受惠非淺矣其六十自壽聯語有笑從前蠻觸微名先校官繼部曹終縣令南船北馬鑄就勞人憶當邊徼投荒生怕明陽弔瘞旅留是後崦嵫晚景屋數椽米五斗菜一畦布襪青鞋還吾真面目此楹書授讀天教彭澤賦歸來之句循良之選於茲可見至其對於家族兄弟早已物故撫字猶子如己出一切嫁娶喪葬事宜獨力擔負並分授家産以資養贍希文盛軌人無閒言生前著有倚舵吟詩集行世閒妙香室文鈔待梓蓋公當未仕時曾與陶子珍秦秋綺諸名士結皋社盟提唱風雅爲鷗社之遺故亦長於駢體文

二品頂戴署廣西右江兵備道顯考珠泉府君行述

府君諱煦字珠泉浙江紹興縣人也先王父青湖公為前清湖南候補知縣有子四人府君其季也府君生而明敏秉性儉約事親尤孝生六歲先王母富太夫人棄養府君哀毁逾恒痛不欲生事繼慈尤孝人無閒言年八歲先曾祖王妣施太夫人見背府君晝夜哭泣繼淚以血府君幼時最得先曾祖王妣歡先曾祖王妣嘗謂人曰可以光我門楣者惟是子也年十八歲隨王父先宦湖南時太平兵起盜匪横行先王父在途被刦産物蕩然在湘未幾先王父即棄養時新遭大喪家業微薄府君館於同鄉童氏年薪僅十八千文悉賴主持內外支撐危局府君立身以儉

待人以誠處事以信數年之間聲聞卓起時王文勤公撫
湖南欲為府君捐按經歷並以文牘見委府君喟然曰大
丈夫貴自立耳奚倚人為卒辭不受其後改習律例精深
法學初遊幕於貴州再就席於滇南當道爭迎日不暇給
三十六歲母氏黄來歸慘澹經營始成家室蓋創立之不
易立家之艱難固若是也旋投筆從戎效力黔營以平苗
功由州同保升知州分發廣西補用到省後即奉委撫署
總文案兼清訟委員差並總辦交代局事宜光緒十四年
奉委署富川縣知縣期滿後調署象州知州並補養利州
知州府君在任時振興教育提倡實業蠲除苛政力鋤豪
强數年之間民忘其死時有危徽福者象州巨紳虎而冠

者也府君按其劣跡卒置之法衆民至今尚有除危惡惡柴
大鑼之頌蓋府君患差役之舞弊民隱之不達特仿周官
肺石之制於署堂設大鑼一面凡有冤抑者擊鑼以聞立
爲審理故有柴大鑼之號交卸後仍充撫署文案兼清訟
委員及交代局總(辦)理差十八年奏委調查滇(邊)南事宜到滇
後復奉委查辦猓黑夷疆事務猓夷去省數千里酋長相
爭殘賊人民儼同化外府君前往查辦猓夷欲以重賂遺
力卻之或謂府君曰夷人獷悍逆之必死府君曰見利忘
義毋寧死且受賄代飾將何以對人民乎卒不受然亦無
患歸上處置夷疆辦法十餘條悉採用之其後猓夷之革
除舊習懾服王化者皆府君力也旋以功保升知府並送

紹興縣采訪稿

部引見奉旨以知府遇缺儘先即補發往貴州補用十九年到黔保甲局提調差明定賞罰整飭保甲嗣調厘金局提調差嚴禁私漏餉源驟裕旋奉委總辦白城河厘局稽革陋款化私為公長收至六成焉二十一年奉調直隸差遣二十二年奏調廣西補用二十三年調委署泗城府知府時游匪倡亂全境騷然泗民一夕數驚府君為創建城垣招募團練居民始獲安枕在任三年計劾貪吏州縣四人佐雜六人誅蠹以十數數計故吏皆畏法民無苟擾時西隆州有法國教士馬斯福者被匪劫力索賠償交涉棘手府君馳往勸諭教士懾伏二十六年丁先繼王母葉太夫人艱交卸府篆泗民挽留不獲泣涕相送者數千人途

為之塞其盛德感人有如此者未及回籍即奉委柳州清鄉事宜府君親督搜查艱苦不避至象州被匪阨時匪首陳士龍者象州之巨匪也探知為府君謂其部衆曰柴大鑼者吾象之慈父也慈父至此安可阨之遂解圍去二十八年奉委署右江兵備道兼右江營務處總辦餉械局總辦並兼攝柳州府知府柳州厘金局督辦時柳州游匪猖獗為全粵冠府君勸勵士卒招集流亡剿撫兼施亂以小平匪有黃飛鳳者率其部衆四百餘人降旋在城謀叛思刧軍械局府君探知得實指示機宜悉擒殲之旋以平亂功保升道員並加二品頂戴二十九年請假回籍葬親三十年葬親事竣仍回廣西道經廣州即奉委兩廣餉械局

總辦三十一年銷差回委奉委派辦政事處會辦清理財
政成績照然宣統元年奉委濛江餉局捐督辦整飭餉源
尤竭心極時清季失馭政出多門府君之世之將亂也浩
然有歸志交卸後即修墓請假回歸江西劉看霖方伯聞
府君回浙力電相邀府君以昔年舊雨勉為一行卒不受
事而返蓋其素性恬淡歸志早決固非挽留可能者宣統
三年秋歸回方冀頤養性靈長晌春日不意是年冬即患
手病民國元年春手病雖愈而喉病繼作初起時喉痛血
出繼則喉腫核現飲食困難百藥罔效是年冬猶尚矍鑠
二年春病稍沈重夏季炎暑喉痛難支入秋以來遂至彌
留府君知病將不起於九月初十日即召集親朋口授遺

囑並執誠手諭以事母為人之道是夜即覺痰湧氣逆十一日清晨湧逆更甚語言未終遽然長瞑竟於是日晨刻棄養嗚呼痛哉府君生於前清道光二十年四月十一日午時卒於民國二年九月十一日辰時享壽七十有四歲不孝侍奉無狀遭此鞠凶心碎神傷言詞瞀亂況府君服官數十年仕履所莅政績甚多不孝雖隨侍在側何能得其萬一僅就耳目所及畧述梗概冀當代宏達錫之銘誄則不孝感無涯矣

不孝柴宗詠泣述

紹興府志卷

陶師文傳 見會稽陶氏宗譜

公諱師文，字仁夫，少善誦，能文，弱冠遊邑庠，入補國子生中應天鄉試，授碭山知縣。時河溢，民不聊生，公下令緩征，禁富家勿索私負，民賴少甦。邑故多盜，先是捕盜者不恃得賞而羈證贖日，故多不發覺，盜以益熾。公信令厚購人為盡力，得盜魁十餘人，四境肅然。每斂民以先後輸受賞罰，間引善捕者賚賜之，咸頓首曰：願受公杖，賞乃痛於杖。數月邑大治。喪歸，服闋，補鉛山。鉛多巨室，公一繩以法，特盜殺人而捕者幷捕商程瑤，事久不決，同逮者多瘐死，獨瑤存，公心疑之，多方搆求，乃得冤狀。有富室殺人而以賄免，公爭之，卒如比。御史稱曰：此江右第一令也。然終以不便巨室爲所擠改教淮安遷至宜都地偏政濁徵歛無藝每石輸至十金民不能堪公躬自菲薄條梳事櫛曠然一洗其陋額成纔什一而已屯軍奪民田而粮存民户民代軍輸動以藉故莫敢問公爲請諸朝履畝核之逬民田千餘頃尤注意學校增贍士田八百畝建社學四鄉創清江書院于學官榜邑陋士無師授貲遣諸生鄭遇春輩受學于石首宜士久無舉者已而得雋即鄭生也方繕孔子廟庀材文楠數株自江飄至人其（共）異之鎮筸之役檄諸邑餉師期甚棘旁共駭擾公令邑人均售粟吏告糴穏地復出公儲以紓之民不病而轉輸獨先俗娶婦多長於男十餘歲待年夫家號曰養婦外奔内亂風習淫昏公下令俾有

女者自訴齒不相當者渝其約邑中有貞婦躬造廬致禮俗用大改民建祠祀焉公莅官如治家諸廢具興而民不知役遷柳州同知五月矣猶營辦民事溝塍米鹽緒未竟者皆趣成之而廨宇什器所以奉新令者咸躬為省視又種竹於庭為詩自解其急公勤民類如此既歸嘆曰六十翁走瘴鄉徇祿何為哉棄牒不仕居數月疾作卒公嘗言吾游南雍侍湛先生於觀光館先生教以勿欺時諸生齒侍吾不隱年坐先諸生先生云子誠不欺者即此是學也後仕更數邑行有不得輒恃此無恐蓋其政事有所本云

紹興縣採訪寫

此名無從查覈宗族似可附循吏請酌之

跋張雪筠先生自撰年譜

稷辰十三歲時先子從雪筠先生喪舟歸自荆州以先生行狀年譜示之五十年來約略能記其大概咸豐乙卯正月過歷下先生之曾孫逢任出所藏年譜見示乃復讀一再益知先生治齊魯荆郢之實政所措注皆本於至誠其功多足以經久亟致遠非尋常才吏所能幾及也先生初宰山左舉主東皋實先生書視百姓如赤子奉一心如嚴師兩言贈行觀其所為洵可謂不違師訓者矣逢任仍官此鄉宜兢兢念祖風烈殫誠學治毋矜毋怠庶幾他日大克樹立為前人光有深望焉謹跋是編而還之逢任從余游日名文瀚大挑改名逢壬余為卜其數在噬嗑之三且

壬非純美因改卜未濟五支加以偏旁俾任重云

紹興縣志資料

朱石柳先生傳

薛炳撰

先生姓氏朱名光旭行十六石柳其别號也山陰人祖桂以力保祖墓與人訟得直而破家父治平依戚於京師謀食亦有隱德及先生生家貧甚甫弱冠棄書遠出讀律師某某亦越人以幕名山左先生與其兄雲巢俱從事也而某吝於教遇有請質則輒曰申韓與舉業異可意會而不可言傳公等喋喋殆欲以閭里書師待余耶先生噤不敢復問遂獨與其兄互相研究擬議俱窮苦思不已因所咯血同輩率揶揄之先生不不顧攻治益力術既通出膺府縣聘下筆灑然動中竅要聲譽日起太守為納納職府經以稟到謁中丞問曰是殆行十六者耶然何以不作老夫子願

做小官日為民耳則又權迎曰某今做官全仗老夫子請毋辱下僚將來出身惟余任遂敦聘入署判院牘無何中丞升節西川即委先生代理濮州知州數閱月政平訟清後聘入川督署為祕密書不與官官幕晤接當是時川省以去京師遠文法廢弛州縣折獄多任意不失入即失出甚者慣於公事以吏為師視吏具稿畫諾而受賕鬻獄之弊以潛滋及先生入署先下通飭令整頓牧民者始不敢以民命為戲獄上情節舛戾者先生不遽與駁但簽出明示以倒使可循一省如夢始覺欽服之自是上下注意法律知識辨案者始見比較有價值矣臬司某由翰林官刑曹以精名法自負經案內摘誤怏怏稟大府必欲先生相見

不得已始與官幕識向某反覆申辯不合咨於部部覆亦
不合先生曰人命重不憚煩復咨於部部覆依先生定讞
並通行各直省某稱服曰非胸有成竹膽識殊絕者不敢
爾先生盡心案牘遇枉必平反出入重輕與比部相持必
得當乃已佐節樓十一年部准通行數十條六部纂入百
餘紙有以法學相質者必為抉隙導竅指示親切一二明
律之士輒延譽之俾得效用於世而不肖失職者流興心
妬嫉詆為把持當時幕僚多習葉子戲特添置一桌晝以
紅色安石榴創議粘此者雖勝作負鬮葉時輒詬呼石榴
因假以雪怨先生聞之慨然曰提倡學律原為慎重民事
非有名利之見存今蜀中風氣已開名流輩出非非如從前

之黑暗又何不急流勇退以避辱而遠怨乎遂去歸里門川督留之不可浙撫數請亦不就天性孝友兄雲巢弟光業其治生孰與仲多先生出橐中金三分之無稍私蓄念幼時以貧廢學不得終儒業令家造麤成當為培植子弟計敦請邑中名宿以課之致敬盡政於館政不稍干與曰昔某師謂舉業與申韓異我不敢以門外漢強作解人也終不閉戶焚香讀書不與世事歲壬申中英和議成海防撤資遣浙兵令自歸先生大驚曰浙自是多事矣亟函院竊謂兵勇大半游無室家戀易北地瘠苦得南方繁華日有稟給外遇必多樂忘歸人情也性獷悍習知盜劫行經資財罄句結土棍標掠意中事耳宜責成隊弁沿途嚴約

毋令若等逗他鄉勿使吾浙留遺孽得復云函送首座深
欽遠識嗌臍無及奈何浙省由是果多盜居民寢不安席道光
二十九年五月大霪自初旬迄二十五日始止窮民入城
市攙(搗)門剖戶富家典肆毋頃刻得寧臬司牧無所於計先
生冒雨詣郡各鄉紳董已皆赴署請命郡將適被辱歸向
幕賓大哭曰如何僉商於先生先生曰事關大局不敢默
治亂國用重典擬稿曰如有冒充飢民乘機搶奪准即綑
送嚴究倘敢拒捕格殺勿論先生之意以山會民樸愿素
畏官偶遭偏災從未嘯聚今何無忌憚至此必其中莠民
煽惑目前尚分倘合也變且不測趣鐫示分貼諭紳富城
保坊鄉保村募無賴為守護災民得食富室得保一時兇

風遂戢其非公正不發憤如此其年月日卒年幾十有幾子五人慶榮麟泰麟壽之淇東成麟泰東成最有名東成自有傳麟泰字厚川優行廩饍生咸豐戊午科舉人以同知分發四川光緒丁卯充蜀闈同考號稱得士繆荃蓀譚大川其職識也權知三臺縣事有政聲〻不幾改省江西候補同知升用知府署九江府同知卒於官

敕授修職郎景寧縣學教諭贊卿沈公傳

沈公贊卿諱翼清會稽人幼敏慧讀書之暇工刻竹同邑陳中丞慶階見而大奇以女孫妻之稍長遭髮亂賊與父葆初先後被虜葆初以不屈遇害事詳浙江忠義錄公在賊巢聞父耗一慟幾絶賊憐而釋焉事母陸太孺人克盡孝養且多賙恤戚友以體親心人無知其境之窘者處母喪哀毁如禮服闋補博士弟子員旋食餼光緒己卯中副車就教職丙子選景寧縣教諭甫莅任患疾甚亟女渭珍年十二禱天請代翌日女死而公瘳有表孝錄行世景寧地僻俗僿公以整頓學風為己任掌教鶴峰書院月課兩次親加斧削不稍寬脩脯所入悉作奬資平時諭以讀某

書習某字學某文與夫聲音訓詁之學口講指畫歷五載如一日學子頗為勵鼓庚寅公年四十六以試事赴郡卒於寓次士林聞之皆伏靈哭失聲有模楷群倫陶鎔後進之誄蓋公之教澤入人深也故縣令周公洼園於景甯有政績循吏也公卒之三年邑士潘文藻㒸在書院西廡並立栗主各以誕日歲必祭之并籌置祀田以垂永久焉予才邑庠生與壽鶴善得悉其大概如此

中華民國五年九月既望世愚姪嚴壽鶴敬撰

武功

陳定國

章紳

徐大綸

楊珸

吴芳蘭

紹興縣志資料

陳定國字子一山陰人順治壬辰由武闈成進士對策取第二筮仕榆林游擊榆林古所稱要害地也定國至厚養士卒設立寨柵防守甚嚴邊境肅清晋擢浦口參將海寇望風遠竄屛迹莫敢犯爲寮佐嫉忌以細故中傷去官來稿

紹興求遺書

章紳會稽人乾隆己未武進士由侍衛歷廣東陸路提督有平匪功載廣州府志

書徐大綸事

鄧枝麟撰

徐香莊名大綸浙江人乾隆六十年官鎮筸五寨司巡檢時紅苗焚掠乾鳳永三廳明鎮軍以輕進陷軍苗知筸城虛攻益急香莊奮挺大呼募敢死士百餘人殲苗甚衆暇則團練鄉兵為守禦計苗不敢近呼為徐三將軍蓋香莊行三故云嘉慶二年以平苗功賞六品服故中丞傅公時為鳳凰廳同知香莊隸其下與辦善後事宜是冬一夕以勞疾卒次日將殮香莊忽大聲奉（作）北音曰奉神命傳傅同知傅至又作山西音曰忠義吾所佑徐大綸有活生靈功為請於帝得不死呼傅至前以指畫掌作百餘字且曰善視若吾去也香莊病遽起當時譁傳以為異事余聞之慨

然曰天下之驗人聽聞者莫如已死復生之事天下之感人心意者謂有起死回生之神聖賢弗道也天之生人有若輕視其生而速之以一死者有必重惜其死而不使以一死謝其責者其權歸之造化要之皆命也紅苗逆命香莊戰守之功偉矣官非武弁秩居末吏軀不滿七尺年未及强時使其可死即死於鋒鏑閒耳乃藉手以奏成功而遼作其歸大暮也斷不其然嗟乎人生不過百日寒暑則終死耳香莊之死而不死抑香莊之命係於天而不當於中道齎志以死也小明之詩曰共爾位正直是與神之聽之式穀以女又曰靖共爾位好是正直神之聽之介爾景福則在位而正直之人必為神之所佑香莊之瀕死而神

必救之宜也然則神果有言乎夫神之相人冥冥爾漠漠爾何待於言然觀經傳中曰帝謂曰鬼神來告曰神其怨汝詈汝神道設教自故已然茲之操西北者音又何必不然也士君子有修身立命之學而夭壽不貳焉香莊之不以死而之生者為幸獲神庥其必有所以自立者聞香莊之之死而之生者毋徒傳為異事其必思所以命自我立者矣後之覽者其亦有感於茲文也夫見國朝耆獻類徵二

紹興縣志采訪[illegible]

書楊珸事

何元慶撰

楊珸浙江會稽人道光辛卯為桂陽典史明年峒猺趙金龍亂衡永郴屬大震桂陽故設參將營兵四百精銳盡赴永餘老弱棊散守烽汛駐城兵弁數十人率恇怯無固志奸民瞰虛潛結嶺南江右諸不逞覬為變家甚惡珸偵知之甚悉令聯鄉村練壯勇脩器械謹諜探以待非常議未決非鄉報劫盜珸謂其鄉豪之在城者遄歸斂衆我將往因慷慨請於令曰賊當我謂我不敢出也疾撲之彼不虞吾猝至必就縛就縛民志定賊黨攜矣乃選健役八十人疾馳五十里至其地而鄉豪亦糾壯勇三四百人與珸合夜半擣其巢賊果蒼黃狝鼠竄盡縶以歸寘之法當是時賊首李觀章者方安居興寗老巢聯絡諸山賊悉索大舉得漏網珸復悉令牒與

甚參將檄土官師新民刻期會勦而密諭鄉豪集壯勇待於隘圍合火起賊驚潰突煙出縱橫滿山谷至隘觀章與其親屬盡為壯勇所獲無得脫者觀章死興桂額手相慶

先是北鄉告警南鄉亦鬨平倉平倉者劫倉也蜂蟎聚掊鎖擴門者數家矣尚未死遲仫分珸聞之曰亂可遏已也北歸明日甚令召鄉豪為衆所憚者數十輩教之團練曰爾鄉近粵剽掠者眙至亟塞隘轂將焉往先自亂潰敵矣且觸憲國法將不汝容翌日吾將命典史為汝布置珸則師其健役八十人者與紳民大會於井坡墟墟中南鄉民麇至珸從容曉譬利害咸俯首受約束富民量產捐米贍丁壯守隘者而村舉一二人為之長條畫井井俄頃而定

趙逆平令以軍功晉級珸典史如故又明年珸丁内艱貧無以為道途資紳民醵白金累數日始克歸葬畢旋湖南桂陽科舉寓省者往來存問密於戚故乙亥珸卒安化典史官廨貧不能反其柩其子成謙計於桂桂人念珸出死力捍大患而秩抑遇邅竟蹉跎以死潸然涕出助之金并為文以祭其辭曰天降疾威陰霾風烈草卉繚枝松檜斷節柔以衆完剛以獨折莫夷其萃乃摧其傑惟公之生天挺峻骨海汐走霆娥江濯雪胸直膽勇眼冷腸熱抑在下僚百鍊寸鐵皇帝壬辰峒猺草竊風鶴鷸傳狐鼠黨結公適尉茲見義奮决時維鷹揚突入黨穴廼芟其莠廼殄其蠻疾雷震乾坤開揭曾不崇朝奠此阽甌大難既平奮紳

忻悦東閣長開茗馨酒洌賦詩論文談笑玉屑旁及書畫
肥羅剔抉酣嬉淋漓撫掌纓絶歡娱未終悲聲四徹玉佩
瓊琚轉眼桐經風刀霜劍生離死别老驥翹雲夜鵑嗁血
琴鶴凄涼士友結舌白衣西闕送公歸浙需次省垣眷晦
抱拙一丁官抱繁門多車轍風雨故人膾鯉魚鱉傲骨豪情
吞吐欝噎晚得梅城吻喋肘掣鵬鳥欺人登生鳴咽乘彼
白雲去如電瞥鳴乎我公自今永訣千將莫邪堅剛沈閟
屈蹇寄北權寄蹉跌永跕殀顏福庸阨哲天道如斯抑又
何說惟公生平友朋偲切下堂執手一言皺蔑寸心耿耿
天日照哲三年不見夜臺已鐍拂拭孤桐哀訴明月揜手
長空絃絶聲歇公其有靈魂來恍惚

薌谷吳君家傳 見湯川吳氏宗譜　湯壽潛撰

光緒甲午余乞假歸值吳氏重修譜文學吳東周介其戚余紹祖求為其先德薌谷君傳余不識東周而與紹祖善以狀質紹祖信遂不辭而為之案狀君諱瑞蘭更名芳蘭字薌谷會稽人以儒世其家多隱德考諱光鑑亦國學生妣曰范昆弟二人君次居仲伯瑞芝嗣世父國學公與紹祖祖方伯公炳燾善兩家各懷娠國學公曰脫生女當為我媳方伯公曰諾已而國學公生君而方伯公果生女故君襁褓中婚余氏性穎悟嘗從董南亭先生游讀書有別解為文則鑿險縋深游心冥漠必作驚人之句每一藝出老宿咸咋舌然六試童子一試鄉不中有司繩尺而君年亦

三十矣乃棄丹鉛遊河南北方伯公時勦江皖豫三省捻賊君入參機務走檄飛符倚馬可待所謀多中竅要一日領二百人駐永城賊潛夜薄城下衆驚駭懼燔劄爭謀出城遁君止之曰若去何之徒為賊血骨孰若助城守得自保衆皆諾於是與縣令劉鴻勛登陴守是時賊張甚為永城一日下顧不能拔欲留困之火其夜（野）時時燭城中君令劉守城自率衆夜潛出卒立幟舉火壙野閧疑賊賊果猜惑不敢逼會救至乃解目不交睫者三日夜既而柘城又警君偕都司巴哈布往援都司戰死衆欲潰君回戈返鬭斬賊數十級乃獲奇勝由是以能軍名明年朝廷命前尚書勝保公督師方伯公解兵柄君亦還然歷戎已五閱月

大史論永城功保縣令格部議予六品銜嗟乎以君之才不獲博一矜（衿）以君之勞僅得賞虛秩使其擬巍科嘗上賞得尺寸事權於物必有所濟於（國）必有所報稱惜哉所見者僅此也君既不得進母亦年耄乃復歸而紹興變起副都御史王公履謙知其才欲以畀鄉團事君固辭人疑君矯及難作始服遠智君素孱弱且多疾寇平年四十乃不復出三黨有疑曲事悉取直君遽理剖晰渙然冰解終君世無償公庭者君一游關輔再游宛洛渡大河踰潼關登太華少華及頂游歷一見之於詩然不留稿不喜唱和故世無知君能詩者幼失怙事母至孝懇懇款款務得其歡心與兄終身無違言年四十五始生秉周而課子則甚嚴故

秉周甫弱冠即補弟子員為人亦誠樸有父風娶氏余内
助有賢聲側室氏李氏周生大夫子一即秉周女子子一
適余恩祖　湯壽潛曰余紹祖君妻尢子迪一日紹祖曰何
以教我君曰多詐者勿與謀多欲者勿與求多疑者勿與
儔多私者勿與遊紹祖嘗與余言於戲即此可知君學力
矣

方技

孟永光

嚴湛

王國爻

茅逸

章也古

陳雄

俞應泰

王清源

陳錫朋

紹興縣志[illegible]

孟永光

孟永光字月心會稽人孫雪居徒也後遊遼左從龍入燕性高曠不仕寫照作畫不落故套世祖最愛重之月賜廩粟內侍强篤行其弟子也見圖繪寶鑑續纂

[illegible]

嚴湛

嚴湛字水子山陰人及門於陳章候不讓其師圖繪寶鑑續纂

施侍讀閏章觀嚴水子畫人物引山陰高士陳章候開闢畫院無虎頭左手持杯右執筆十指酒气生十洲尤工人物作殊態雕鏤瑣屑窮纖芥詭形奇狀人盡驚素壁中宵走光怪興闌箕踞時捫虱尺幅千金不可得晚傳二子早升堂吮墨含毫向侍側山子遇從憶鑑湖淋漓染翰多歡娛五年以後水子至筆勢不與章候殊冥搜慘淡追精妙敧側江皐連海嶠芙蓉薜荔雜連蜷帝子嬋娟山鬼笑名高薄俗復何益能事傷心爭促迫乞畫如山之酒錢仰視高天岸赤幘　馮金伯撰

紹興府志卷之

王國炎節讀畫錄

王子杓國炎山陰人旅寓京師食貧畫人物甚工緻然非數日不能竟一幅人勸其苟且應酬子杓曰寧貧耳不欲以率筆敗吾名人有以多貲求其畫者竟歲始成成則又貿之子錢家非後有以重貲索其畫者前畫弗得也余里王君玉比部愛子杓畫館之署中經年所得子杓畫最多惜城(在)大梁壬午之变(變)俱沒黄流中矣子杓卒以貧死人始悔不早購其畫競曰今欲以高貲從子錢家數數贖子杓畫何可得城(哉)

新昌縣志卷[illegible]

茅逸

茅少莿名逸山陰布衣能詩善畫鳳岡少莿二槲皆善畫梅惟二槲名最著少莿客死中州葬汴城曹門外桑主事調元爲題墓碑並梓其轉蓬集行世

吴德旋撰

新昌縣志[illegible]

方技

章也古號靈衲別號罵罵子會稽人善畫蘆雁聚散咸宜生動不凡甚得邊頤公心傳長梅竹性嗜酒乘醉揮染更覺別有奇致越中士人爭寶之

紹興縣採訪稿

陳雄小傳

陳雄字子俊山陰縣學生以善畫名晚年尤臻絶技寫動植物別饒生趣幾於栩栩欲活以是人多寶貴之至詩古文詞篆隸八分亦均優美云節見山陰小方橋陳氏宗譜

永樂大典卷之

俞應泰字星階山陰人家城之後觀巷初業儒妻周忽指間患瘰疔爲庸醫悞死復甦者數痛苦異常應泰歎曰人不死於病而死於醫者多矣可不懼哉遂究心於醫自奏刀圭妻病以瘳於是棄儒而醫聲最一時洪楊難作任軍醫者數年著内科摘要四卷外科探源二卷傷科捷徑一卷行於世

紹興府志卷[illegible]

王清源字馥原山陰錢清里人業醫有聲爲壽世計窮搜冥討積年二十餘成醫方簡義六卷不煩其詞趨時之宜而尤折服於仲景注重於女科嘗謂人曰醫雖小道最忌讀書泥不貫通臨診執無化達雖積學士識見拘墟無足取也論者題之書刊於清德宗光緒癸未而清源旋殁乏三尺男聞者盡傷焉

紹興府志卷之

陳勉亭先生傳

薛炳撰

先生姓陳氏，名錫朋，字勉亭，會稽人。生質魯鈍，初讀書日不過二十行，及晡背誦猶艱澀，必翌晨乃衝口而出。及學制藝，辭句初成，已喜逞機勢，求古奧，不屑拾人牙慧。顧不得志於有司。年二十七，遭粵匪之難，避於鄉僻。寇退，再應院試，得入縣學爲諸生。數下浙闈，或薦或否，終不獲舉。乃決然捨去，以爲求人何如求己。於是縱力子史，參老莊，究內典。遲之又久，乃恍然有悟，獨窺照（昭）曠之原。反觀幼時所諷（誦）習諸書，若四子，若五經，不啻與道大適，較昔年舉業時之見解天淵殊矣。賦質本弱，工愁善病，自治老莊而胸次爲之一舒，惟體魄不能強健，乃注意於岐黃。弱冠時曾涉獵醫書惟不得其門徑至三十而積久有得於諭西昌尤在經吳又可諸家論説咸有贊辯閒爲人治病應手取效四十以外聲譽爛然而先生不屑以醫技謀生故治效三十餘年而家産不豐於昔性耽寂岑斗室中焚香煮茗悠然自得偶有會心形於吟咏亦不盡著録晚年檢存一册名於[曰]蝶庵吟稿光緒三十四年某月某日卒年七十有四

薛炳曰吾越故多名醫如任鳳波陳念義之流著名[聲]當世粤匪以[師]後老成彫謝市醫承之其閒識字無多但熟歌訣工口才揣摩病家意旨以求容悦甚且交通巫祝彼此緣飾竊取糈酬藉爲生計於脉因證治毫無把握也識者知庸工不可以托命輒近航省會遠就滬河又苦費時傷財

遠不濟急於是讀書有志之士捐棄榮利精究方術養親保身成效卓著鶴鳴九皋聲聞於野戚友之甹夆鄰里之求請越中不懸壺之素醫于焉出矣若趙秀才晴初胡廉孝廉在茲則在先生之前孫秀才浩川樊秀才開舟姚秀才子軒則在先生之後而吾師田舍人杏村周明府伯度實與先生同時鼎足而三兩師境處豐腴不輕施診先生安貧樂道高抗亦如之舍人博極群書實宗葉派明府篤守長沙碻乎不拔先雖生雖博綜嫥篤不及兩師而溫故知新雅有心得惜其佳案為外甥與嗣孫所秘密不得傳布有一事足以見其性靈炳夙與徐君文若善一日其義毋便秘困甚邀炳診治與以潤下之品病益劇以告先生先生

中同譬如舟擠於城口復益一舟以椹之勢必愈塞盡倒拔而疏通之遂口占曰桔梗杏仁各二錢白芥子五分徐君如言以與病者俄然大下霍然愈而炳初意以為芥子太竣削非老年所宜也炳性鈍而躁與醫學不相近光緒癸卯田師捐館益復曠廢加以遠出辦學於周師亦不得常侍師言年八十有五近又聞抱騎省之戚而先生則墓草已宿放翁詩曰先輩不生吾輩老恐留遺恨於千年作先生傳不禁感慨係之矣

陳勉亭先生事畧

先生名錫朋字勉亭浙江紹興附貢生志行高潔篤學好古體弱多病弱冠時患肝風徧求醫藥經年不得愈因取靈素本草諸經徧讀而深思之有所心得自試悉效數年學益專遂知病之不治皆由治之不善也因有慼於范文正良相良醫之言立心濟世來則治之不榜門招致也遠近慕名崧巡撫駿張學使霪卿杭守陳文騄紹守霍順武熊起礄山邑令曾壽麟會稽令俞鳳崗等以及本地紳士求治無不效其治法悉宗於古凡遇奇難各症隨時應變獨（遇病有救真之則先未藥先演數年如言）出匠心有非時手所能彷彿者而又致力於傷寒尚論一書闡發幽微詳加評註其餘所著書及各症醫案亦復不

少光緒三十四年九月十八日卒年七十有四嗣子延宗孫時瀛號吉士世其業

醫案摘後

一本城朱姓婦人年約三十餘歲忽後大解出屎小解出屎餘無別症邀余診治余診六脉尚平觀其形容亦不憔悴問其飲食亦照常余思此症必係交腸脬破甚為難治勉擬綿子白蠟牡蠣東參烏梅肉歸芍甘草絲瓜絡竹茹橘絡之葯納入豬脬内煎爛丸藥服五料大小便照常

一東浦陶姓男人身體素弱向有肝氣之症有一日午睡被人驚醒而起見有照己樣面貌一人坐在牀内視之

多時倏然不見非常奇異自後每于寢食之間時見之由是至余處醫治余思此症因驚醒起病兼素有肝風凡人睡熟魂藏在肝經肝風盛而肝不能藏魂肝既不能藏魂而又受驚嚇是離魂症余全用補肝血之葯治之吃二十餘劑全愈

一諸暨某姓男人身體强壯向操農業素來無病有一日己之小划船被人劫去大吃一驚第二日早上自覺人身倒懸頭在泥地問諸人人說並不倒懸初起時每日發一二次或二三次心中非常煩惱因氣力胃口照常亦不醫治詎料一月後終日要發不能種作即囑余開方據述之症奇極怪初時毫無把握覆之病家再三求

治余思之多時即作胆攔肝葉調治先用吐法又內服逍遥散不数日即除

一臯埠潘姓婦人年廿四歲受孕已有七月忽然身熱譫語昏迷不省人事胎氣上攻邀各醫生診治均用平氣發表開竅等藥治之病勢甚劇由是挽友人邀余去醫余觀諸醫生之方專治母病不治子病余專用安胎之品服數劑後身熱譫語等症即愈胎亦安然無恙

一鄰居王姓小孩年五歲忽然兩足筋抽實不能行動伊父母初以為跌扑損傷即請外科醫治無效抱至余處余即擬鷄鳴散一方服二劑後稍能行動又囑伊將原方追服二帖全愈

一柯鎮某姓男人由杭回家忽然喜笑忽然怒罵少頃即愈愈後又發余診左寸心脈沉滯餘脈尚靜此症確是痰迷心竅即用龍虎丸治之大瀉濁痰四五次病象較前畧輕又用消痰藥追服二十餘帖即愈

一本城昌安門頭張姓婦人因觸氣後忽然頭面紅腫兩目以及鼻孔腫脹無縫口中時有熱氣勢甚危急邀余往視診左關脈非常洪大竄出魚際穴余思此症確是水不涵木肝陽直上頭部急擬平肝養血藥治之兩日稍能視物其餘照舊又來邀請診肝脈稍平仍將原方分量加重又服五劑平服如常

一東關傅姓男人年五十二歲小便有九日不通腹大如

鼓診其六脉沉弱無神先用通小便退腹脹之葯調治無效余又研究數刻此病必是轉脬症即用豬脬一個脬内納入蜜炙柴胡升麻東參黄柏砂仁木香通草皂角灯芯荷葉之汁藥煎濃汁服下服後小便連觧八夜壺小腹腫脹已退一半余聞之喜甚囑其追服兩劑於是小觧照常小腹退净

一下方橋謝姓男人年約二十餘歲身體素弱餘無另疾惟頭上之髮忽然禿净囑余開出髮之方余即用活大鯽魚一根 龍骨七錢 人髮如彈子大十枚洗净焙灰 干姜三錢 苦參五錢 以上之葯共熬膏用蓖麻油調塗半月後其髮即出色較前烏潤

一本城戒珠寺前某姓男人素有胃槁症時發時愈數年後不能進食咽下即吐腹內飢甚囑余治之余不開藥方惟擬代飯之法早上服本地牛乳午刻用粟米和蔗汁蒸服傍晚時用萊菔去皮蒸熟服同蜜拌食詎料以上之物咽下即不吐矣照余法連服年餘飲食即能照常病不復發

著述列後

南華經評註　傷寒論尚論評註

莊子因評註　金匱要略評註

莊子獨見評註　傷寒貫珠評註

道德經評註　醫方論評註

蝀菴詩稿　　小兒臍風驚風合偏評註

瘟疫論評註　　經驗醫方

以上各書共若干卷均待梓

仙釋

正香

釋卍香上人傳

薛炳撰

上人名方宏，字廣持，別號卍香，五十後改名興宏，亦曰宏興。本會稽蓮荷橋王氏，乾隆甲申年七歲出家於鑑湖之興教禪院，為智銓第五世裔徒。其師東昇授以梵貝，一讀即了，而心未饜也。稍長學為詩。時平火蓮太史聖臺自粵東歸，築別墅何山，相距僅三四里，上人樂與之游，扁舟往還，殆無虛日。又得習聞邵晉涵二雲、錢大昕竹山、蔣士銓山堂諸先生緒論，而其詩一變。既而雲間陳古華太史某某掌教蕺山，一時名士如慶麟寶摩、郭靈芬頻伽、李芳湛白樓諸君縱橫談讌，而上人以幅巾籐杖結方外交，詩壇酒社靡壘其間，而其詩又一變。當是時，遠近道俗無不知有卍香其人者既震其名益爭檀施之而上人因得以增崇其寺追本武林蓮池禪師之宗派而名之曰小雲棲水木明瑟為城市間一勝境其為人和而雅樸而不浮與之處久暫不易嘗有遠客親老幾無以存活獨時時周恤之人罕知者歷主平陽開元諸叢叢林咸能精修戒律峻肅齊規退院後仍居小雲棲治斗室禪堂之西偏環列琴書籤笠瓶鉢之屬焚香靜坐或賦小詩性喜梅植數十本間以古松奇石花時招集名流巡檐吟賞以為樂閒事近游凡天台雁宕普陀金焦諸名勝無不登涉流覽觀昭曠之原得江山之助而其詩又一變道光七年歲次丁亥越中諸名士醵金謀梓其詩上人固辭不獲遂屬紀勤麗百穀鄔鶴徵雪舫共

為選定凡三百餘篇名曰懶雲樓集越十有一年戊戌某月日持偈而歿年八十有一薛炳曰吾越古多名僧若帛道猷竺法曠慧皎智永及唐宋兩辯才之流尚矣有清以來首推具德和尚和尚為張道菴從弟本明季諸生鼎革後恥事異姓因出家至杭州靈隱寺為方丈者為多年湮時年九十餘遺命歸葬祖兆仍循首邱之義今永樂村所謂和尚墳頭是也己酉為柳橋殉節王玄趾先生後人而生於乾隆中葉朝局之見已泯齔髫齔或亦非其本心故身入宗門而好交儒士其為詩彩頤四十以前名曰萬玉亭詩鈔王衍梅笠舫曾為之題辭今不概見蓋已要刪入於懶雲樓中七十以後詩不多作偶有錄存每至除夕祀

長恩而焚之故今亦無傳緣雪氏有言氏之初生不必定為二氏也乃向之非而妙（弁）者卒於禿（髡）而緇是必有大不得已者余與蔡君霍頎馬君水臣及吉生守次兩陶君皆喜讀佛書辛卯壬辰間余嘗假得守此（次）所藏慧琳一切經音義分類編次成佛廣雅一書守次許為刊行而竟不果乃嗜阿芙（夫）蓉（容）辛亥之變已憤清亡又慚烟禁遂絕粒而卒霍頎則手寫清室茹素含悲以救兆兆凡今之人多信之朱（推）余與吉生性守舊而終祝髮周肉何妻殊為不類水臣自壬子改紀而後崇拜頎霍卒妻子走依於滬瀆為辨學校既而大病近日得其手書云自去年七月始持淨土宗之教每年（日）懾心危坐默想持名調和氣息行之年餘頗見效

諭且憫王丈寄廎之勞勸令學佛是皆緣雪氏所謂有不得已者者歟還觀卍香當年人物豐和從容吟詠嗚呼何甚盛也

按卍香上人事略前編已採茲傳較詳特為補錄

永樂大典卷[illegible]

祠祀

湯公祠

郭公祠

陶文僖公祠

陶文簡公祠

陶文節公祠

紹興縣救[illegible]

湯公祠在城內安寧坊光緒季年邑紳募捐建造祀明湯太守紹恩祠旁餘屋附設塘閘局

郭公祠在城東南三十里之攢宮宋陵之西祀明郭公紹一明長沙府知府里人季平撰有碑記

明陶文僖公祠在紹城東街新老嶽廟東偏有賓光鼎撰匾額

明陶文簡公祠在紹城江橋下

清明陶文節公祠在紹城小保佑橋下

寺廟

石佛寺

白廟

七尺廟

泰寧寺

齋臺寺

紹興縣志資料

石佛寺在城東五里烏門山對河離東湖尺咫相傳基址寬宏寺僧繁夥為髮匪所燬一炬無餘沿塘下金一帶至相公殿等處皆其遺址今頭門尚屹峙於塘上云

白廟在城東北八里漢會稽太守朱買臣有[illegible]功茲土里人戴之立廟以祀其事其功乃大白清乾隆間敕封文應王著顯應焉

七尺廟在城西四十里之一鏡鄉廟內附祀明湯太守紹恩暨莫公

泰寧寺在城東南三十里之攢宮村西南白鹿峰下原名證慈寺在攢宮村之東南宋以寺地為孟太后陵因移此改今名

寺觀

齋臺寺在會稽樓山東麓距城六十里越絕書樓山者句踐齋戒之臺今有刹在山麓以齋臺名

按齋臺古刹相傳已久興廢不常咸豐辛酉前重進山門復為賊毀經寺僧永瑞募資重建為清初先輩所刊道墟圖詠詩第一境惟前朝無名人題詠碑記故府縣志均未載然實係古刹應否補登請考越絕書斟酌

永樂大典卷

陵墓

章理章敔章瑾章璠墓

章正宸衣冠墓

陶文僖公墓

周鳳翔墓

紹興府志

陵墓

明贈嘉議大夫行在禮部侍郎章理暨其子禮部左侍郎章敞孫禮部右侍郎廣東巡撫章瑾太僕寺正卿章璠墓均在會稽稷山之陽敞楊榮銘墓瑾陳循銘墓璠商輅銘墓

明吏部侍郎章正宸衣冠墓在會稽縣十二都二圖荷花溇正宸妻沈氏素重氣節自正宸出亡後布衣茹素以終歿與正宸衣冠合葬荷花溇口蓋與正宸讀書之籟適樓相望也墓上有古檀樹一株人比之文信國坟上冬青樹云

明吏部右侍郎贈禮部尚書謚文僖陶公大臨墓在會稽

平水圓麟嶼工部郎中張大器奉敕造

明左諭德贈禮部侍郎謚文忠周鳳翔墓在會稽洋中之

後山按舊通志採紹興府志作會稽洋之後山洋中村名失一中字應更正

學堂

山會兩縣官立學堂一覽表

山會兩縣公立學堂一覽表

山陰縣公立小學堂一覽表

山陰縣私立小學堂一覽表

會稽縣公立小學堂一覽表

會稽縣私立小學堂一覽表

紹興縣志採訪稿

山會兩縣官立學堂一覽表

校名	成立年月	校舍	備考
山會兩縣初級師範學堂	宣統元年正月	舊會稽縣學堂改設	民國二年該堂改爲省立
山會初級師範附屬兩等小學堂	同上	師範學堂屋	同上
山陰縣官立高等小學堂	光緒二十九年正月	蕺山書院改設	宣統元年會稽縣高等小學堂并入
會稽縣官立高等小學堂	光緒三十一年二月	稽山書院改設	宣統元年并入山陰縣高等小學堂
山會官立高等小學堂	宣統元年正月	蕺山書院舊址	以山會兩縣高等小學堂并設
山陰縣官立高等小學堂附設（屬）初等小學堂	光緒三十四年正月	戒珠寺餘屋	宣統元年山會兩高小合并該校即需改名現又分設棲址府還一
山陰私官立第一初等小學堂	光緒三十三年九月	城中倉橋范大夫祠餘屋	該校開辦三年以無費停止

紹興求書目

山會兩縣公立學堂一覽表

校名	等別	成立年月	所在地	校舍	備考
山會公立明道女學堂	兩等	光緒三十年正月	城內崇安坊	大覺禪林改設	
會稽公立蘇毓女學堂	初等	光緒三十二年九月	樊仁市橋	借用寺屋	
紹興公立同仁農業學堂	初等	宣統二年正月	城內安寧坊	民房改造	該堂現改為高兩等
紹興府儒立第一國民學堂	初等	宣統元年八月	城內東陶坊	租用民屋	停辦
紹興府儒立第二國民學堂	初等	宣統二年二月	城內局園衕	借用興福寺餘屋	停辦
紹興府中西學堂	中等	光緒二十四年正月	城內古貢院前	借用諸倉	後改府中學堂
東湖通藝學堂	中等	光緒二十八年正月	五雲門外東湖	東湖書院改設	宣統元年改辦法政
越郡公學堂	中等	光緒二十九年閏五月	城內偏門頭	借大能仁寺餘屋	停辦

右列學堂以宣統三年為止

[illegible]

山會兩縣公立小學堂一覽表

校名	等別	成立年月	所在地	校舍	備攷
達材	兩等	光緒二十九年正月	城內昌安坊	借天王寺修屋	宣統元年停辦
熱誠	兩等	光緒三十年正月	東浦村	天后壇改設	
雙山	兩等	光緒三十年正月	峽山村	借用何氏公所	
敬敷	兩等	光緒三十二年正月	袍瀆村	敬敷義塾改設	該堂係公立性質，民國元年由縣詳省改為私立
曙光	兩等	光緒三十二年正月	張漊村	張氏義塾改設	
清河	兩等	光緒三十二年五月	湯浦村		不久即停辦
勵志	兩等	光緒三十二年七月	湯浦村		停辦
高遷	兩等	光緒三十三年正月	柯橋鎮	借融光寺修屋	
三樂	兩等	光緒三十三年正月	阮家	租用民房	

進化	兩等	光緒三十三年三月	安昌鎮		停办
保粹	兩等	光緒三十三年七月	后馬村	菴屋改設	
集賢	兩等	宣統元年閏月	阮社村	租用民房	
敬賢	兩等	宣統三年四月	蔡梅村		
辨志	初等	光緒二十八年正月	陡亹村	辨志義塾改設	入民國後改爲兩等
務義	初等	光緒二十九年正月	安城村	創建	
柯溪	初等	光緒三十二年正月	柯山村		停办
山後	初等	光緒三十二年二月	本城山後	借用協節堂餘屋	停办
民興	初等	光緒三十二年二月	歎潭村	借用田民宗祠	
蘇山	初等	光緒三十四年閏四月	瀉渚市	斗壇改設	之入民國後改爲兩等
啟林	初等	光緒三十二年七月	管墅村	特建	停办

紹興縣志資料

大方	初等	光緒三十二年七月	棠里村	借用菴屋
西山	初等	同上	灰竈頭	租用民房
萬安	初等	光緒三十二年八月	本城萬安坊	借用妙明寺廟屋
知恥	初等	光緒三十三年正月	安昌鎮	知恥書院改組
明倫	初等	光緒三十三年三月	沈讀堰村	創建
明義	初等	光緒三十三年七月	湖區村	
洪溪	初等	光緒三十四年八月	盛塘村	
共和	初等	光緒三十四年九月	花徑村	花徑寺改設
浦南	初等	宣統元年正月	東浦市南村	
中三區	初等	宣統元年正月	城內西郭坊	
蘭上	初等	宣統元年正月	[illegible]村	借用菴屋

俊華	初等	宣统元年二月	華舍村	趙氏義塾改組
中四區	初等	宣统元年閏二月	城内大路	
華英	初等	宣统元年閏二月	城内昌安坊	停办
中二區	初等	宣统元年四月	城内司獄司前	以舊山陰縣署改設
中一區	初等	宣统元年七月	城内抗海營	停办
扶桑	初等	宣统元年七月	壺觴村	借用庵屋改設
鳳林	初等	宣统元年七月	浪頭湖	藉庵屋改設　入民國後停办
時敏	初等	同上	下方橋	停办
瀫陽	初等	同上	瀫家莊	借用王氏宗祠
楊村	初等	宣统元年六月	陽望村	
誠明	初等	宣统元年九月	城内紫金坊	

昌明	初等	宣統二年正月	[illegible]門外	創建
鏡西	初等	同上	龍尾山	菴屋改設
啓秀	初等	宣統二年六月	朱家搭	借用朱氏宗祠
嵩陽	初等	同上	王家埭	創建
文淵	初等	宣統二年三月	城內北海坂	停辦
嘉會	初等	宣統二年七月	陽嘉龍	孫氏義塾改設　民國後改設兩等
振新	初等	同上	昌安門外昌安街	停辦
新善	初等	宣統三年正月	興浦村	菴屋改設　民國後改設兩等
鑑清	初等	宣統三年二月	清水閘	陳氏義塾改設
作興	初等	同上	趙墅	借用李氏宗祠
雲松		同上	陳家嶺	停辦

僅初	初等	宣統三年三月	西屯村	借用潘氏宗祠
恂興	初等	宣統三年七月	恂恂村	舊屋改設

右列各學堂均以宣統三年爲止後添設者不列

山陰縣私立小學堂一覽表

校名	等別	成立年月	所在地	校舍	備攷
棲鳧	兩等	光緒三十二年正月	棲鳧村	徐氏義塾改設	
梅村	兩等	同上	後梅湖村	借用陸氏宗祠	
競進	兩等	宣統二年正月	柯橋鎮	租用民房	
箭葦	兩等	同上	本城大路	箭葦會館修屋	
成教	初等	光緒三十二年二月	本城江橋		停辦
文海	初等	光緒三十二年八月	安昌楊家溇	借用孫文緒舊院改設	停辦改名中山
光亞	初等	光緒三十二年正月	湖塘村	借用魏氏宗祠	
朝暉	初等	光緒三十三年正月	張溇村	借用民房	
儲英	初等	光緒三十三年正月	安昌鎮	姜氏義塾改設	

府采訪稿

新民	初等	宣統元年正月	天樂鄉花溪村	
蔡王	初等	宣統元年四月	[illegible]家莊蔡王村	借用王氏宗祠
寶培	初等	宣統二年三月	下方橋	借用寺屋
鄭山	初等	宣統二年七月	賈村	借用民房
尚志	初等	宣統二年八月	白洋村	借用朱氏義倉

右列各學堂均以宣統二年爲止後添設者不列

會稽縣公立小學堂一覽表

校名	等別	成立年月	所在地	校舍	備考
又新	兩等	光緒二十八年正月	孫端村	孫氏義塾改設	
毓菁	兩等	同上	東園村	借天華寺作屋	
澤陽	兩等	同上	陶堰村	陶氏義塾改設	
時敏	兩等	光緒三十一年正月	蟶浦村	借文昌閣作屋	
偁陽	兩等	光緒三十二年正月	道墟村	章氏義塾改設	
世懋	兩等	同上	嘯唫村	以海寧禪寺改設	該堂于民國元年因禪寺門以該寺改設嘯唫禪寺[illegible]
稽東	兩等	同上	湯浦村	租用民房	
娥江	兩等	光緒三十三年正月	曹娥村	以娥江書院改設	
信成	兩等	光緒三十三年正月	嘯唫市山家浦	華屋改設	民國後該堂改設初等

竹山齋采訪稿

歐鄉	兩等	光緒三十三年九月	上竈村	租用民房	
東山	初等	光緒三十一年正月	攢宮村	借東九功寺修屋	
毓秀	初等	光緒三十三年[illegible]	樊江村	[illegible]建[illegible]設	[illegible]擬[illegible]改為兩等
明強	初等	光緒三十二年三月	邵家溇	蓋屋設	
三涇	初等	光緒三十二年八月	三湖涇		現已停辦
育才	初等	光緒三十二年九月	謝墅村	借用姜氏宗祠	
朝東坊	初等	光緒三十二年正月	城內朝東坊	借城隍廟修屋	民國改為城立第八校
養中	初等	光緒三十二年正月	八鄭村	借鄭氏宗祠修屋	該堂現已改為兩等
人鏡	初等	光緒三十三年正月	道墟山	蓋屋設	
加勵	初等	光緒三十三年六月	張家溇	借該村菴屋	停辦
養正	初等	光緒三十三年六月	塘口村		
啟蒙	初等	光緒三十二年七月	采山灣	租用民屋	

紹興縣議會

大成	初等	光緒三十三年四月	黄墩津		停办
素行	初等	光緒三十三年五月	大獅山	創建	
長興	初等	光緒三十三年七月	保駕山	借長興禪寺作屋	
樂陽	初等	光緒三十三年十月	湖村	借用民房	
東江	初等	光緒三十三年十一月	姚家埭	租用姚氏宗祠作屋	
啟義	初等	光緒三十四年正月	尚巷	借駱氏宗祠作屋	
東皋	初等	宣統元年正月	皋埠	借用何氏義塾	
敦本	初等	同上	潘家底	借邵氏宗祠作屋	
箬簣	初等	同上	烏門山	借用庵屋改設	
琢雲	初等	宣統元年二月	皋埠屠家灣	借用屠氏義塾改設	
長塘	初等	宣統元年三月	後塘村	庵屋改設	

毛頭	初等	宣統元年五月	漓渚毛頭	庵屋改設	
銘新	初等	宣統元年七月	美畝村	借孫氏宗祠餘屋	
宏濟	初等	宣統元年八月	樊江村	借宏濟碑院改設	
中三區	初等	宣統二年二月	城內石童坊	借陶文節公祠餘屋	
何家溇	初等	同上	何家溇村	借何氏宗祠餘屋	
南池	初等	同上	小南池村	借蕭庵屋	
蒙養	初等	同上	鑊頭石村	借徐氏宗祠	
志成	初等	宣統二年二月	馬山市	借龍慶寺餘屋	民國二年停办
崇化	初等	同上	同上	借坤庵屋改設	民國元年停办
運川	初等	同上	陶堰白塔洋	借白塔寺餘屋	
中一區	初等	宣統二年二月	城內羅門坂	借六賢祠餘屋	

壽昌	初等	宣統二年七月	新港村	壽昌寺改設
吴家莊	初等	同上	屯頭吴家莊	借王氏宗祠作屋
獨樹	初等	宣統二年八月	獨樹村	借大菴作屋
后堡	初等	宣統三年正月	后堡村	菴屋改設
毓材	初等	宣統三年二月	倠大尾村	借用菴屋　入民國後停辦
聚英	初等	宣統三年五月	小皋埠	借用沈氏宗祠

右列各學堂均以宣統三年為止後添設者不列

永樂大典卷[illegible]

會稽縣私立各學堂一覽表

闡智與尚先後對掉

校名	等別	成立年月	所在地	校舍	備攷
維南	初等	光緒三十年四月	陶堰村	借用民房	
肇基	初等	同上	孫端市	租用民房	
植才	初等	光緒三十二年二月開學	城內關帝廟試場	借用關穎試館屋	停辦
成人	初等	同上	城內塔子橋	租用塵峰半廠	停辦
育德	初等	光緒三十四年四月	馬山村	租用民房	停辦
闡智	初等	宣統元年二月	舊埠村	借用婁氏宗祠	
尚德	初等	光緒三十三年八月	城內大營	租用民房	現改兩等
師山	初等	宣統元年七月	吳融村	鍾氏義塾改設	
繼志	初等	同上	瀝海所	楊氏義塾改設	

啓蒙	初等	宣統二年正月	大厂村	特造
余氏	初等	宣統二年二月	塚斜村	借用余氏宗祠
鳳鳴	初等	宣統二年正月	塞浜村	借太和菴餘屋
後岸	初等	同上	後岸村	借用丁氏宗祠

地方自治

地方自治分區表

紹興縣志資料

地方自治分區表

名稱	隸屬	領坊村數	人口	自治公所所在地	議員名額 滿 致
城區	山會兼轄	四九	一一二三九四	城內	三〇
柯鎮	山陰	五八	五五八一七	柯橋	二一
安昌鎮	山陰	五六	五四四〇三（旁注七）	安昌	二一
稽東鎮	會稽	二四	五〇〇一四	平水	二〇
東皋鎮	會稽	一一七	五五四九九	皋埠（或寨頭）	二一
朱尉鄉	會稽	二七	二一九〇九	五雲門外	一二
龍南鄉	山陰	九	二八五	李家溇	八
東合鄉	山陰	二三	一三七五五	東浦	一二
芝鳳鄉	山陰	二五	一七六八一	昌安門外	一二

清水鄉	山陰	二〇	一七四七八	清水閘	廿 十二
雙山鄉	山陰	三六	一三九六四	峽山	一二
鏡西鄉	山陰	二七	一三九九	龍尾山	一二
集慶鄉	山陰	五七	一九五八三	漓渚	一二
朱華鄉	山陰	二三	四八七二五	棲鳧 盛塘	一八
桑瀆鄉	山陰	一	四〇二五	桑瀆村	八
開泰鄉	山陰	五	九八二六	阮社	一〇
一鏡鄉	山陰	一四	一〇八一四	湖塘	一二
夏履橋	山陰	五六	一四〇二九	夏履橋	一二
延壽鄉	山陰	六二	一四八九二		一二
新安鄉	山陰	六 三八	六六五一		一〇

前梅鄉	山陰	九	四三五九	前梅	八
南錢清鄉	山陰	一四	六四〇二	錢清	一〇
九曲鄉	山陰	一五	一〇九八六	賓舍	一二
天樂鄉	山陰	九二	三三五九七	天樂	一六
梅袁鄉	山陰	八	一一二七五	中梅	一二
會龍鄉	山陰	一三	一〇八九〇	松陵	一二
賞祊鄉	山陰	一六	一四四五	賞祊	一二
禹會鄉	山陰	二七	三一二七五	華舍	一二
嘉會鄉	山陰	七	一一五八四	陽嘉龍	一二
齊賢鄉	山陰	二〇	一五三〇四	下方橋	一二
黨山鄉	山陰	一四	一八二九	黨山	一二

紹興縣志采訪稿

感鳳鄉	山陰	一一	九一三三	菖蒲溇	一〇
安墟鄉	山陰	三	五〇五三	安城	八
袍瀆鄉	山陰	六	五四四〇	袍瀆	一〇
禹門鄉	山陰	六	一一〇（一六四）	陡亹	一二
東九鄉	山陰	九	六九二四		八
荷湖鄉	山陰	六	三三九六	荷湖	八
三江鄉	山陰	一〇	四六八九	三江	八
楊望鄉	山陰	三	二六七七	楊望村	八
潞富鄉	山陰	一一	七〇八六	潞家莊	一[illegible]〇
盛穀鄉	山陰	四	三〇二七	陳港	八
玉帶鄉	山陰	一六	七二一九		一〇

馬鞍鄉	山陰	九〇	四三五一六	馬鞍	一八	
陶里鄉	山陰	一六	一〇六三一	陶里	一二	
所前鄉	山蕭兼轄		一九五九三	所前	一二	該鄉東隸山陰西連蕭山界難分畫因合
鳳林鄉	山會兼轄	一一	四〇五八	恂興	八	
蒿灣鄉	會稽	五	四〇四二	王家埭	八	
姚江鄉	會稽	八一	姚 一六六[illegible]八	姚家埭	一二	
稽山鄉	會稽	三九	一〇一五四	裘村	一二	
湯浦鄉	會稽	三六	二四二四	湯浦	一四	
安仁鄉	會稽	二二	一〇一二五	宋家店	一二	
德政鄉	會稽	三三	六八四一	八鄭	一〇	
柯一鄉	會稽	三六	八三五三	南岸	一〇	

東升鄉	會稽	二八	六〇六六	王壇	一〇	
東湖鄉	會稽	一七	五五四五	蔣村	八	
長水鄉	會稽	一七	一三六四	馬山	一二	
賀湖鄉	會稽	一三	五一〇四	王府莊	一二	入民國後以鄉之西南后保等九村劃分另立一鄉名武勝而區域狹隘矣
孫端鄉	會稽	五六	一八一九一	孫端	一四	該鄉非至塘外三四五圖南滙沙地該地係會稽謝錫佐認會地而就近誤認虞糧後因爭執田畝斷為會稽
吳融鄉	會稽	四	四八四六	吳融	八	
道墟鄉	會稽	四〇	一五七七六	道墟	一二	
嘯唫鄉	會稽	七三	一六四五七	嘯唫	一二	
六社鄉	會稽	一六	四三五八	寺東	八	
合浦鄉	會稽	一九	四三〇八	俩浦	八	
陶堰鄉	會稽	六七	一六〇〇一	陶堰	一二	

長松鄉	會稽	三三	八三六二	倉塘	一〇
長興鄉	會稽	一二	三八九五	保駕山	八
畫黨鄉	會稽	一一	三四一〇	湖村	八
雲鳳鄉	會稽	一五	二六六〇	何家漊	八
盛德鄉	會稽	一五	三九一六	富盛	八
通德鄉	會稽	二〇	三三七八	夏家埭	八
化德鄉	會稽	一二	二六二九	烏石	八
廣德鄉	會稽	一〇	四五八	淩竹塢	八
寶麓鄉	會稽	二九	上一六三	欑宮	一〇
東關鄉	會稽	八三	二七八〇四	東關	一四
曹娥鄉	會稽	三九	一二三七八	曹娥	一二

紹興縣采訪稿

瀝海鄉

會稽（會上兼轄）

五

四

一三五九六

瀝海所

一

二

瀝海鄉附記

該鄉以瀝海城本由會上兩縣兼轄故互鄉齊雜今劃